JN001329

松本紹圭
Shoukei Matsumoto

日常から はじまる サステナビリティ

日本の風土とSDGs

淡交社

Sustainable

目次

はじめに　006

第1章　多様な仲間と足元から掘り起こす、世界のサステナビリティ　009

生まれた土地から〝美味しい〟を実現するために
山本昌仁（たねやグループCEO・株式会社たねや社長）　011

自然をお師匠さんに、生まれた土地から　013／〝美味しい〟を実現するために　014／〝自分〟の集まるみんなと共に　016／境目はない。生きるが仕事。019／あるがままを信頼する　022／点であっていい。種植えをしよう。024／人生を超えて　026／明日の「食」を守るため、農を、土を。028

本当の無駄はどこにある？
大原千鶴（料理研究家）　031

それなりをゆるして、あるものをいつくしむ　034／新しきも異なるものも　037／人それぞれの、ご機嫌にある方法　039／役立ち合って、迷惑をかけ合って　043／本当の無駄はどこにある？　047

異なる世界が共にあるために

渋澤 健（シブサワ・アンド・カンパニー株式会社 代表取締役） 051

馴染みがなくとも 053／ビジョンを前に、お手上げになることはない。054／法人という関係性 056／応答可能性をひらき合おう 059／未来にとっての「正解」とは？ 062／生きて渡せるもの 065／道は何処へ通じているか 066

グローバル社会を支える、内なるうつわと地域性

朝倉圭一（民藝店「やわい屋」店主）・鞍田崇（明治大学 准教授） 071

「心をここにおく」実感 073／民藝という、我がごとにしていく過程 076／持続可能な開発の多様性 081／地域性は何処へゆくのか 083／プロセスがつくる世界 087／かなしみという器 091／パズルは完成される必要があるだろうか？ 097

変わりながらも、守り継ぐもの——非日常を日常に

伊住公一朗（株式会社淡交社 代表取締役社長） 101

「おもてなし」は心地よさ 103／変わりながらも、守り継ぐもの 107／身近な切り口から、非日常を日常に。 109／釜一つあれば 112／終わりなき世界を一盌から 114

第2章 仏教とみる、私たちのウェルビーイング 121

1 人間とは何か――interbeing（インタービーイング） 122

親鸞が問い続けた「悪人」とは 123／内なる悪人性を照らして、ひらかれる道 126／interbeingへの気づきからはじまる変化 127

2 縁（Responsibility と Potential）――縁起（えんぎ） 130

応答する力(respons ibility) 131／余白をのこす 133／私の知らない可能性(Potential) 134／他力のはたらくところ 136

3 徹頭徹尾、孤独にあって――独生独死（どくしょうどくし） 独去独来（どっこどくらい） 138

孤独にあって 138／たくさんの依存のうえに 139／同じ当事者として、生きていく 141／孤独をつなぐ縁こそ、わからなくていい 143

4 自然に還る――開発（かいほつ） 145

すべてをつなぐ日本人の自然観 146／縁が起こるところに現れるもの 147／開発に任せる力 150／一人ひとり

が、開発僧に 151

5 変わり続けるウェルビーイング――安養 154

成長と、幸福と 154／日本の心と身体でみる〝ウェルビーイング〟 156／真ん中をゆく、安養へ向かう道 159

6 Leave no one behind～誰一人取り残さない～――摂取不捨 161

Leave no one behind 162／「摂取不捨」 163／悪人をこそ 165

7 自由になる――放下着 167

生活しやすく、生きづらい社会 168／椅子取りゲームから降りる選択肢 170／これから向かう先は何処？ 172

8 世界がぜんたい幸福にならないうちは――菩薩 174

個にあって、個をほどく 175／いまあるものから一手を取って 177

あとがき 180

はじめに

SDGsは、持続可能（Sustainable）な開発（Development）目標（Goals）の頭文字です。今を生きる私たちが、未来世代にとってよき祖先であるために、避けて通ることのできない大きな大きな目標です。あまりにも大きな目標を前にして、時に私たちは、自分自身の日々の生活とのギャップの途方もなさに立ち尽くしてしまいます。しかし同時に私たちは、自分たち一人ひとりの日々の生活の積み重ねの上にしか、その目標の実現はないのだということも、わかっています。

SDGsをどう受け止めて、実践していけばいいのか。その難しさの一端に、この「目標」という考え方があるように思います。学校であれ会社であれ、私たちの社会には「目標を定めてそれに向かって努力しよう」という考え方が、隅々まで広く行き渡っています。しかし、ふと身近な動物、たとえば我が家の猫に目をやると、どうも目標に向かって努力しているようには見えません。そこにあるのは、日々の生活だけです。

生活することに、目標はありません。もちろん、日々の生活の中で工夫を施したり、望む生活を求めて努力することはあるでしょう。しかし、生活を良くするために生活しているわけではありませんし、ではあらためて「何のために生活しているのか」と問われると、答えようがありません。生活することそのものが、生きることだからです。あえて「なぜ生きるのか」と問われれば、百人百様の答えがあるでしょう。しかし、その答えがなんであれ、私たちが人生で実際に経験する内容は、日々の生活そのものに他なりません。

＊

私が仏教を通じて学んだことの一つも、実はこの、「目標」という発想から離れてみる、ということでした。

仏教は、ブッダの教えであり、私たちがブッダになっていく教えです。ブッダとは目覚めた者という意味です。目覚めるというのは、一切の執着（アタッチメント）から離れることです。生きていると、私たちはいろんな物事に執着します。あれが欲しい、これが欲しい。あんな風に見られたい、こんなことをしてみたい。目標を立てて、思い通りに実現したいのが、私たち人間です。しかし、なかなか思い通りにはならないし、たまに目標が達成できたとしてもすぐにまた別の目標が生まれてきて、キリがありません。この無限ループのことを、仏教では「苦」と呼んでいます。ゴータマ・ブッダは、「人生は苦である」と喝破しました。そして、執着から離れることこそ、その「苦」を滅する道であると説きました。

目標を持つことが悪いわけではありません。私たちは、目標を設定してそれに向かって努力することで、前に進む力を引き出すことができます。特に、一人だけでなく、仲間と共にある時、目標はより大きな力を発揮します。ですが、時に目標は、あまりにもそれに対するアタッチメントが強くなりすぎると、私たちを、生きること、つまり日々の生活そのものから、自らを疎外するようにはたらくこともあります。私たちは、目標に向かって生きる人間である前に、日々の生活を経験する動物でもあります。そのことを忘れてしまうと、私の心と体はバラバラになって、私という存在の持続可能性が失われてしまいます。そうした状態のことを、私は「正気を失う」と言っています。

ゴータマ・ブッダは、大切な目標を見失うことなく、なおかつ、目標に引っ張られすぎるのでもなく、「中道を歩め」と説きました。道を外れることなく、正気を保って、ブッダになる道を歩み続けること。本書には、第1章にて、いろいろな分野で活躍する方々との対話を通じ、それぞれの暮らしの中にあるSDGsへ通ずるヒントを伺っていきます。そして、第2章では、仏教の知恵も借りながら、現代を生きる私たちがSDGsという大きな目標と日々の小さな暮らしの間で、正気を保って生きる道を探ります。

本書が、あなたのSDGsライフのお供になれれば幸いです。

第1章

多様な仲間と足元から掘り起こす、世界のサステナビリティ

２０３０年に向けて世界が共に目指す目標として、２０１５年9月の国連サミットで採択された、持続可能な開発目標（SDGs：Sustainable Development Goals）。アジェンダは17のゴールと１６９のターゲットから構成される。「誰一人取り残さない（leave no one behind）」精神で向かう道のりは、今、折り返し地点を迎えている。共通目標を前にして、そのアプローチは多様であっていいだろう。世界一老舗企業が多いという日本には、継続的なあり方を模索し創造してきた多くの先人たちがいる。足元の風土に刻まれた営みを振り返ると同時に、未来に向けて、今、何ができるのか。世界に発信し得る日本的SDGsを探ってみたい。

たねやグループCEO
株式会社たねや社長

山本昌仁

生まれた土地から〝美味しい〟を実現するために

滋賀県は琵琶湖東岸、近江八幡の地で創業150年を迎えた和菓子屋「たねや」の社長でたねやグループCEOの山本昌仁氏にお話を伺った。訪問したのは、「たねや」の本社が根を張る場であり、世界へ向けた発信の地でもある「ラ コリーナ近江八幡」。自然を愛し、自然に学び、人々が集うつながりの場として、2015年、八幡山に連なる広大な土地に誕生した。何時訪れても、四季折々の自然を感じながら季節の菓子を楽しめる空間は、最寄駅から徒歩30分以上という立地にあっても訪れる人は後を絶たない。「ぶっとんでる」というのが、私の第一印象だ。いったい何故、ここにこんなにも「ぶっとんだ」世界が創られているのだろう。

山本昌仁

（やまもと　まさひと）

和洋菓子製造販売のたねやグループCEO。1969年滋賀県近江八幡市で菓子舗たねや三代目の長男として生まれる。19歳より十年間和菓子作りの修業を重ねる。24歳のとき全国菓子大博覧会にて「名誉総裁工芸文化賞」を最年少受賞。2002年、洋菓子のクラブハリエ社長、2011年たねや四代目（十代目当主）を継承、2013年より現職。著書に『近江商人の哲学「たねや」に学ぶ商いの基本 』（講談社現代新書）

自然をお師匠さんに、生まれた土地から

「〝ここで生まれた〟ということですね。たねやが創業し、自分が生まれたところがこの土地であり、たねやの本部は将来においても近江八幡でないと意味がないと思っています。自然を利用するのではなく、自然をお師匠さんにする。ラ コリーナは私の生き方であり、たねやの考える方向性です。お客様から教えていただくことは勿論大切ですが、一歩前へ進んで、私たちから発信できることはないか。そんな発想からラ コリーナは生まれました」

販売、製造、そして本社というすべての「現場」がここにある。対談に伺った日もそうだったように、人で賑わう週末には本社従業員も販売の現場に出るそうだ。「商売は現場が第一なんや」という山本社長の意識が、縦割りになりがちな組織の壁を超えて全社に共有されている。

常に現場に身を置きながら、土地の恩恵を受け、自然に学び、時代の流れに応じた「未来」を創る。過去にすがってリバイバルを試みることはせず、絶えず、風土に学び、体現を続けるたねやの姿勢に迷いはない。ラ コリーナを訪れる人々には、近江八幡の自然を十分に感じ

てもらい、訪問をきっかけとしていずれは「終の住処」となるような環境づくりをしていきたいという。一企業の活動を優に超えた地域づくりへの想いの背景には、故郷への深い感謝と、いとおしさのような溢れる情を感じてならない。

「この土地に根付いてきた精神は、言ってみればSDGsそのものです。近江商人の心得や理念を話せば、それがSDGsやと。せっかく国連で目標を掲げて〝みんなで頑張ろう〟というのなら、それに繋げてここからどんどん発信していこうと思っています」

〝美味しい〟を実現するために

ラ コリーナをはじめとするたねやの新たな展開は、ここ10年、特に世間の注目を浴びてきた。その取り組みを参照して取り入れたいと望む声は、ビジネス界からも後を絶たないことだろう。何か、真似のできる「手法」に当たるものはあるのだろうか。

「私たちのやることとは〝美味しいお菓子を売ること〟です。これについてはこれからも変わりません。そのためには、いい材料が必要不可欠です。そのためには、土を、水を、空気を大事にしないといけません。原材料を育てる後継者がいなくなれば、日本に《食》

の危機が訪れます。《食》に携わるものとして、《食》をめぐる環境を少しでもよりよい状態にして次の世代へ送っていこうという気持ちです。

近江八幡が、豊かな食材の手に入る持続可能な農の土地として広がる未来を望んでいます。更には、たねやの原材料は全国の農家さんより頂いていますから、私たちが〝質の良いものを適正な価格で買う〟姿勢を貫くことで、各地の農家の方々が持続可能な農業を少しでも目指していただけたら嬉しいなと思いますね。一人でも多くのたねやに関わってくださるみなさまに、日本が持っている本当の美しさ、つまりはラ コリーナに体現した私たちの考え方が伝わってくれたらと地道な取り組みを続けています」

「社会に必要とされる企業（人）であるために、地域や世の中に対して何を発信できるのか」。それを問い続ける生き方がたねやの経営そのものであり、問いへの解がラ コリーナに凝縮されている。

現在、たねやグループ（たねや・クラブハリエ・キャンディーファーム）全体では２０００人近くの従業員の方が働かれている。一つの方向性に向かうのはなかなか容易ではないはずだが、山本社長の言葉には不安や迷い、疑いがない。お客様に向けて発信する情熱と同時に、働く人や取引先、地域の人等、たねやを支えるあらゆる人と環境への情熱が、現実化を支えているのだろう。肩書き同士が挨拶をする接待よりも、関わりのある人にたねやを見て知って感じてもらうことに精魂込める。手塩にかけて育てた小豆、道なき山中から運び下ろした栗の木の建材、試行錯誤で仕上げた新作のバームクーヘン。一人一人の成した仕事が、どのようにして人目に触れ、手に取られ、喜ばれているか。それを知ってもらうことが、たねやと仕事をする価値と誇り、働きがいになると言う。

「**汗水垂らして作っておられる方々の育てた小豆が、仲介業者の元で他の小豆と混ざって出荷されることはよくあります。けれど、それでは作る方にとって出荷の〝たのしみ〟がありません。私たちは、〝これは○○さんの小豆で作った大福なんや〟と言える商いをしていきたい。これから10年、20年を掛けて実現していきたいことです**」

〝自分〟の集まるみんなと共に

ラ コリーナの土地には、かつてはプールやテニスコート、宿泊施設の揃う厚生年金休暇センターがあったが、国の方針により売却に出ていたところをたねやが買い取った。更地の状態から従業員と共に、近江の里山の風景を目指し木を植えるところから始まったそうだ。切実な思いは、働く従業員にも熱心に伝え続けてきた。

「創業以来、私たちにはマニュアルがありません。お客様を前にして、〝自分の言葉〟で返すことをやってきました。自分が食べて感じること、自分がそこにいて魅せられているものを、自分の言葉で伝えることこそが本物です。〝自分になる〟ということがたねやの従業員の教育の柱です。本当に相手のことを思いやるには、長所短所を含めた自分自身をよくわかっていることが大切です。そうして初めて、打ち解けて話せるようになるものです」

人が集まり、組織を形成して目的に向かう時、人の存在は機械的になりやすい。パフォーマンス（機能性）を問われる中で、〝人間〟であって〝自分〟であることを通り越してしまうのだ。個々人が合理的機能性を発揮することで、目的は達成され成長しているかのようにみえて、携わる人の人間性は損なわれ、正気は失われていく。気付けば、足元の土は命を失っている。そこに、本当の成長はあるのだろうか。

日々の忙しさに追われて人間性が損なわれると、何か「特別な接待」をしなければ関係を維持できないような恐れを抱くようになると山本社長は言う。だからこそ、日頃から各地の現場へ足を運ぶと同時に、自らを知ってもらうため、ラ コリーナは常に扉を開いて待っている。互いの機能や作用のみならず、その背景やストーリーを共有することで感じられる心地よさや喜びが、何にも代え難い信頼になるという。「私とあなたとは、絆がありますでしょ」と支え合う関係があってこそ、収穫の有無や価格変動といった予期せぬ変化を乗り超えられる。

「〝あなたのところには届けます〟という約束をしていただけるのは、長い信頼関係があるからです。遠方から、家族を連れてラ コリーナを訪問くださる農家さんもいらっしゃいます。親族にも見せたいと思ってもらえる仕事をさせていただけることほどありがたいことはありません。これはもう、百人力やと思いますね。ラ コリーナを始めた当初、〝八幡山に勝手に何かするな〟と言われたこともありましたが、新しいことを始める時は不安を抱かれて当然です。地元の方々と一緒に土地の整備を手掛けることで、荒れて鬱蒼としていた竹藪は美しい竹林となりました。すると、〝いいことしてるな〟〝いいことしたいな〟という気持ちに変わるんです。みんなで行動していくと流れが大きく変わっていきます。そういった地道なことが大事でしょう。これは、日本人が元々持っている心です。上っ面のことだけやっていたら、パッと後ろを向いたら誰もいない、ということになりかねません」

共にある関係性があって初めて、心からの想いや伝えたいことが、ふと言葉になる。現場から届く数々の本音の声が、全体の改善に活かされている。私たちが他ではないたねやのお菓子を求める時、そうしたすべてのご縁を共に頂いているということだ。

境目はない。生きるが仕事。

世にあるリーダーシップ論の一つに、「謙虚なリーダーシップ」がある。そこでは3つのコミュニケーションレベルが提示されている。

・レベル1　トランザクショナルなコミュニケーション：取引的で、契約に基づいて成される仕事やヒエラルキーのある組織で機能する。

・レベル2　パーソナライズなコミュニケーション：人を人として扱い、背景や思いを汲み取りながら対等に向き合う。
・レベル3　より親密なコミュニケーション：家族、特別な贔屓などより親密な関係性。

従来の管理主義的な仕組みの中で、レベル1は機能していたが、同時に私たちはどこかで正気を失っていた。変化に応じ得る有機的な組織をつくるには、誰もが人としてそこにあり、現場に足がついている必要がある。コミュニケーションレベルが1から2へとシフトする時、仕事は「人として生きること」そのものになっていく。たねやはまさに、その実践をされている。

「全て見せても、大丈夫な状況を作っておくということです。表裏を分ける境なく、どこであっても見ていただける状態を保つ。ここは譲れないところですね。そうしていれば、自分から言わずとも第三者が魅力を語ってくれたりするものです。大手百貨店が相手であっても、顔色を伺って商売するのではなしに、自分たちの思ったことは好き放題に言う。相手も好き放題に言う。お互いに〝一緒にやりましょう〟というスタンスです。だからこそ、どんな状況でも続けていける。そうした信頼関係を作っていけることこそ、ほんまにありがたいなと思いますね」

話を伺っていると、たねやというファミリーが幾重にも広がっている姿がイメージできる。それぞれに心地よい距離感で関わり合い、どこからどこまでという境界はない。その光景は、家業として誕生した原風景にも刻まれていて、世代を超えて今日まで受け継がれているようだ。

「家族で商いをやっていたところに、50年ほど前から少しずつ従業員が加わりました。当時私は幼い子どもでしたが、いつも従業員と一緒に食卓を囲み、温かいご飯を食べていたのを覚えています。宿題の手伝いもよくやってもらいましたね。教わることはほとんど間違っていましたが（笑）、そうやって家族のように共に過ごす関係性、同じ釜の飯を食う大切さは、自分自身が幼い頃から体験してきたことです。脈々と続いてきた山本家の歴史は、先代から見聞きして学ぶことを重ねてようやく次の時代へと持っていける。いっぺんに吸収しようと思ったら、それは大変やなと思いますけど、毎日のように聞いていると普通になってくるんですね」

オーナー企業の場合、時々のオーナーによる判断で、事業内容と共に関係性が整理されることがある。「人とのつながりとは、そういうことではないでしょう」。たねやは代々の姿を受け継ぎながら、一点の基準でものごとを判断することをせず、常に広く長期的な視座で「今」を捉えている。

あるがままを信頼する

２０２０年、コロナ禍でやむをえず全店舗を休業した時、「いつものお菓子はどこで手に入るのか」という問い合わせが殺到したそうだ。全国から届く声を受け、「人の命」と「経済の命」の両輪をなんとかして回していこうと、それまでのこだわりを手放して、新たな手法で営業販売を再開された。「本当に必要とされているのだ」という実感の中でこそ、「たねやブランド」という自ら背負った枠組みのイメージを取り払い、あるがままの姿であることの重要性に気付けたという。

「休業中、ドライブスルーで販売しよう、通販やコンビニのお世話になろうと現場の従業員たちが工夫をするんです。それまで、ブランドとしてこれは守らなあかん、こうでないと販売できないと勘違いをしていました。お菓子は〝食べておいしい〟という一本に尽きるのに、姿かたちを立派にしてブランドをつくらなあかんと思い込んでいたことに気付かされたんです。必要とされるお菓子をいかに手元に届けるかという原点に立ち

戻り、それまで、お客様に都市部へ足を運んでいただいていましたが、私たちが郊外に出掛けていきました。反響はとてもよく、厳しいコロナ禍を各地のお客様にすごく支えていただいたんです。こういうことが商売なんだと実感しましたね」

季節を迎えれば畑には作物が実り、その収穫で成り立つ農家の方々の暮らしがある。コロナ禍で営業停止していた期間、売上がゼロになってもたねやは製造を続けた。お世話になった人や医療従事者の方々、そして子どもたちへとお菓子を配って回ったという。こうした逆境においてもなお、自身の経営に視野を狭めず、社会の人々と共にあることを貫く覚悟とは、いかほどだろう。

危機的状況において受け取る感謝の言葉に、あらためて「必要とされていることを知る」。物やお金を超えた循環が、たねやを作る人々の明日への勇気やエネルギーとなっている。

「2000人の従業員を抱えながら売上がないという状況でしたが、〝工夫していけばいいんだ〟と、幹部らと繰り返し話をしてとにかく製造を続けました。同時に、全社一丸となってコストコントロールをした結果、2021年には最高益が出ています。これまでずっとたねやをかわいがってくれた地元の銀行が、躊躇することなく貸付をしてくれ

たことも大きな助けでした。この先も何があるかわかりませんが、こうした関わりがあれば、なんとか工夫をしてやっていけるということです」

点であっていい。種植えをしよう。

山本社長の長期思考は圧倒的だ。短期間で積み上がる業績があったとしても、あくまでそれは結果であって、決して利益を中心に考えられていない。2022年、私が『グッド・アンセスター』の翻訳を通して受け取った「いかにして、私たちはよりよき祖先になれるか」という問いは、つい自らの利益を最大化しようとする私たちに、長期的視点で「今どうありたいか」と問いかけ直すキーメッセージでもある。山本社長はその解を、誰から問われずとも体現してこられている。

「この世が脈々と辿ってきた歴史に比べれば、私たちが生きる年月はほんのいっときに過ぎません。いっときを生きるに過ぎない人間界が、地球をこんなにも汚してしまった。豊かにあった自然を一瞬にして壊してしまって、地球はすごく怒っているんです。同じことを、次世代も繰り返すわけにはいきません。ですから、このいっときしか生きない私たちが、いかによりよい方向へ持っていけるかを考えます。私の代で成果を出せなく

てもいいのです。点であればいい。点として〝種植え〟をすることが大事です。神様からほんの一瞬お預かりしている身として、返す時には、少しでも綺麗にして返さなあかんというのが根本的な私たちの考えです。自分がよければいいという考えや、会社を自分のものと思っている限りはダメやと思いますね」

秋になればたねやの栗きんとんや栗羊羹を頂けるのは、決して当たり前のことではない。今日、一つ美味しく頂くならば、同時に次世代の木を植えて育てることが必要なのだ。盲目的に目の前の「必要／欲しい」に任せていては、気づいた頃には頂けるものは無くなっている。取りっ放しでは継続し得ない自然の摂理が、人間社会のあらゆる場面で問題となって現れている。世代を超えた未来を信頼すればこそ、過去に感謝し、今あるご縁を大切に目の前のことをしっかりやっていく。そうした相互関係の循環の中、たねやは近江八幡の風土と共に、当たり前に添いながら、然るべき未来へと成るべきように展開されてゆくのだろう。

「入社する従業員に常に問うのは、〝あなたはどういう死に方をしますか？〟ということです。自分なりに考える〝死に方〟があってこそ生まれる《今》のあり方があるでしょう。経営者であれ従業員であれ、〝かつてあの人が木を一本植えてくれたお蔭や〟と思ってもらえる《点》になりたいですね。この土地に生きてこられた方々のお蔭、先代を

含むあらゆる先達のお蔭で たねやはここにこうして在れます。その思いをもって、代々の当代がしっかりとやる。その連続だと思いますね。会社で業務に当たるにおいても、自分が在籍中に成果を出すことより、世の中のために一つでも多くの種植えをして、次の代に引き継げたならそれが全てだと思います。そうした積み重ねで、社会に必要とされる会社になっていくんだろうと」

人生を超えて

現代人の多くは、瞬時の反応を求める通知に追われるように暮らしている。これだけ短期思考が優位な時代にあって、どうすれば山本社長のような広い視座と長期思考を持ち続けられるだろう。何か具体的な工夫はあるのだろうか。

「ここで始めた商売は、この土地で続けていかないといけない。いっぺん開けた商いを途中で閉じては、世の人々の迷惑になるからです。たねやは元々、材木屋として近江八幡の地で生まれました。時代背景に応じて扱う商材は木材から苗や種に変わり、後にお菓子屋となりました。変化を受け入れながら、その時その時の〝いいとこ取り〟をしながらも、諦めずにやり続けることが大事だと思います。持っている100を、〝今やな〟

という時をよみながら配分する。つまり、我慢する時と攻める時の采配を上手にやる手腕が近江商人にはあったと思います。私たちも、〝今や〟という実現のタイミングを待っていることは山ほどあります。人は、社長になると会社を私物化しがちです。でも、自分のものとしていてはものごとは途絶えてしまうんです。執着せずにスパッスパッとできる環境が近江商人にはあったのでしょう。父が社長を退く時も、スパッと私に引き継いで、翌日から何も言わなくなりました。そうしたことを、私は代々の先達から身体に染みるように教わりました」

お菓子を作り続けることを目指しながらも、この先、世代交代をする中で商材や業態が変わることがあっていい。その言葉からは、未来を生きるバトンの受け手を信頼し、その時々の最善の選択を尊重する姿勢が伝わってくる。私たちはつい「自分の功績」にこだわったり、わかりやすい成果を出してすぐに確かめられる承認を求めがちだ。それが悪いわけではない。けれど、物事には様々なレイヤーがあり、自分の成した行いの反応を見える形で受け取ることがないことも多分にある。そして、作用を受け取るのは私の知らない未来の誰かかもしれない。自ら回収できずとも、この世のため、過去から未来の誰かのためになるのであれば構わないという世界観は、いかに生きるかの死生観でもあるだろう。

「日々を精一杯に楽しむ。ワクワク、ドキドキする環境が本社のテーマです。働く人たちが、今日は何かあるぞという気持ちで朝を迎えられるということですね。今、ここに見えている樹木一本をとってみてもそうです。私たちが今日ここで対談をするからと、こんな風に大きくなったわけではありません。何百年もの年月を経て、こうして大きな樹になった。それでいいんだと思うんです。〝ここでこういう風になってやろう〟とは思っていない。あるがままの姿を毎年毎年見せていって、数百年後にこうして私たちのシンボルの樹になった。元はお宮さんの参道の樹で、道路整備で伐採されるのを機に運んできたものです。あるべきことを、しっかりやっていって。信じることを、きっちりやっていって。日々を精一杯に生きて、前を見ていくということですね。目の前の事象で判断をしたら、邪魔だから切った方がええということになってしまう。そういうことじゃあ、ありませんよね」

明日の「食」を守るため、農を、土を。

対談の最後、山本社長は訴えのような問いを投げかけた。持続可能な発展を目指すため、各地でクリーンエネルギーへのシフトが起きている。「食」の源である大地がソーラーパネルに覆われていく様を見て、本当にこれでいいのだろうかと。30年後の人口は100億人を超えると言われる私たち人間にとって、今、準備をすべき最重要課題はどこにあるのか。

「《食》に携わる身として、私たちは《食》の大切さ、ありがたさを伝えたい。幸いなことに、滋賀には十分な土地があります。最低限、滋賀のものは滋賀で賄えるようにしたいのです。ですから今、たねやは《農》を始めています。そして、働く従業員が旬で美味しいものを食べられるよう食堂をつくっています。明日の《食》を守るため、私たちは、美味しいお菓子をつくること、つまりは、それができる環境づくりから始めています」

食卓を囲む家族経営から始まった「人が人としてここにある」ことの体現は、商いの規模が変わっても変わらない。挑戦の中で育まれるたねやの信頼のご縁と日々の活動が、多くの人々を巻き込みながら、すべての私たちの生きる足元の「土」を生き返らせていく。

「あんまり急がんと、それでも前に、前にと進めること、休まずやり続けることが大事なんやということを、従業員に常々伝えています。〝私たちはこうしていきたい〟を示しながら、次の世代へと申し送っていきたいと思っています」

料理研究家

大原千鶴

本当の無駄はどこにある?

私は常に、特定の誰かのことに限定されない、誰にも通ずるテーマや、誰しもに開かれたものに興味があって、関心が向かう。

仏教こそすべての人に開かれていて、仏道は万物の歩む道。けれど、坐禅や念仏といった型をもって伝統の内に入ってしまうと、どうしても何らかの枠に囲まれがちだ。「みんなのもので、誰もができる奥深い実践とはなんだろう?」僧侶の道を歩み始めて以来、常にあったそうした問いに私はこれまで「掃除」をみてきた。

「食」もまた、言うまでもなく誰もが関係するテーマである。京都に暮らし、身近なまわりの人々に、そして数々の媒体や自身の主宰する料理教室を介して多くの人に、食をめぐるご縁をつないでこられた大原千鶴さんにお話を伺った。

大原千鶴

(おおはら　ちづる)

料理研究家。京都市花脊の料理旅館「美山荘」に生まれる。幼少の頃から自然に親しみ、料理の心得を学ぶ。結婚後、二男一女の子育てのかたわら料理研究家として活動、メディア、出版、講演等で広く活動する。第3回京都和食文化賞を受賞。著書に『大原千鶴のいつくしみ料理帖』ほか多数。

「つながっているものの上に生きているということを、なんとなく感じながらいることに、日々の心の安定や、生きていくうえでの責任があるように思います。

人生は、自分が生きる何十年かでは終わらないということ。昔から言われていたように、〝お天道（てんとう）さまがみている〟ということ――」

大原さんは、京都は花脊（はなせ）にある料理旅館を営む家で生まれ育った。通っていた小学校はひとクラス4人ほどの小さな学校で、アスファルトのない下地道を4㎞歩いて通っていたという。

「その頃から、20人ほどの従業員の方々にまかないの食事を作っていました。誰かの役に立つことを自然にやっていたんです。実家の家業の歴史は百年余りと京都でいえばまだまだ若い方ですけれど、両親がいつも私に言っていたのが、〝ひとつの花にも、ひとつの草にも命があると思って扱いなさい〟ということでした。自分たちはつながっていて、そこにはそれぞれの命があることを感じながら、自然と生きているものすべてを大事にする暮らし方と言いましょうか、無駄のない日々の生活がありました。そういう気持ちを表した料理を、みなさんに受け入れていただいて――」

それなりをゆるして、あるものをいつくしむ

「私たちの中にある《ゆるす》という気持ちや《いつくしむ》という気持ちは、料理を作るうえでとても大事なものだと思っています。冷蔵庫の中には常に新鮮なものが揃っているわけではありませんから、少し萎びたものもそれなりに美味しく食べてあげることが料理です。名前がついていなくても、胡瓜にお塩を振るだけで料理ですね。料理とは、きちっとしたものを作ることではないんですよ」

仏教は、一切の執着から離れることを指向している。それは、「手放す」と表現されることもあれば、「ゆるす」と翻訳されることもある。いずれも意図してできることならば、この世から苦悩はなくなるだろう。誰もが、手放しゆるす難しさを経験しながら、誰もがなんらかの方法で、手放そう、ゆるそうとして生きている。仏教が示す「修行」はそのひとつの方法に他ならない。

「《ゆるし》というと、上からものを言っているように聞こえますけれど、〝過ぎたことは忘れる〟ということかなと思います。執着とこだわりは違いますね。子どもとの関わりについても、縁あって自分のところに生まれてきてくれたから、一緒に過ごすその時

間を楽しめたらそれでいいと、そんな感覚です。料理もそうで、ここにやってきてくれた食材を、いかに美味しくみんなが楽しめるようにするか。それが、命を生かすということにもなります。

私が料理の一番好きなところは、食べたらなくなるところなんです。残らないから、いつも新しい風を自分の中に入れ続けられるし、残らないからこそ、あえて捨てたり壊したりする必要もないですよね。メニューは組み合わせでいくらでもできますし、本当に決まりはないなと思っていて。その日の空気感と合っていれば、よりいいものになりますね」

料理はライブ音楽のようなものかもしれない。とすると、レシピは楽譜。「recipe」の語源をひくと、「受け取る」を意味するラテン語「recipio（レキピオ）」という。誰かが体験から書き遺したものを受け取って、今、自分の手元でどんな風に生まれるかは、どこまでも自由だ。その場に生まれ、味わった先から消えていく。

料理も音楽も、ライブであればなんであれ、素材も環境も、何がどう揃うかはわからない。そんななか、「完璧であろう」として苦しんでいる人は多いかもしれない。完璧でありたいのに、そうあれないことは、とても苦しい。

私はかねてから、日本人は、努力と我慢に一心なところがあって、そのひたむきさは「努力教」「我慢教」とも呼べる宗教のようにさえ思える。そこに、「私はこんなに頑張っているのに／我慢しているのに、どうしてあなたは――」という思いが伴う。「努力」や「我慢」にはまってしまうと、自分もゆるせなければ、他人もゆるせないことに向かいやすい。

「私自身、子どもを育てながら、介護と仕事をして忙しい暮らしをしてきました。女性と男性は得意なことも違いますから、全てを分担することは難しくとも、まだまだ女性が担っているものは多いです。そうした負担を感じながら、私たちは生まれた時から教育されてきた意識のバイアスに苦しみます。〝料理はちゃんと作らなければいけない〟。でも、実は、それは自分が勝手に思い込んでいることだったりします。そう思わなくていいし、そのことに苦しんでいると、他人のことをゆるすのも難しくなってしまう。一人ひとりが自分をゆるせるようになったら、社会はもっと寛容になると思いますね。だから、ちゃんとしなくてはいけないと思っているお母さんや女性の方々には、そんなに頑張り過ぎる必要はないということを伝えたいです。〝こうしなきゃいけない〟と誰かから言われたかもしれないけれど、料理にはルールなんてないですしね。レシピより、〝これでいいのだ〟というゆるしの気持ちを伝えたいです」

新しきも異なるものも

京都は伝統ある家柄の方も多い。大原さんもそのお一人だが、すべては受け継ぎ受け渡していく連続性のうえにあって、新しさは、決して伝統から切り離されているわけではないだろう。

「家の決まりのようなものは、私はあまり大事に思っていないんです。自分が今いる環境の中で、アップデートして進化していかなくてはいけませんから、新しいことを感じるのはすごく好きですし、大事なことだなと思います。ただ、すべてのベースに、人のためになることの幸せや、人の幸せに自ら関わっていくことの幸せがあることに変わりありません。何をするにも、大事にされて、愛されて、安心した気持ちになってもらいたいなと思うんですね。そうしていい波動を送る人であり続けることが大事。教訓や観念に縛られず、みんなの気持ちがほぐれてリラックスした、楽しい幸せな場所が広がっていくといいなと思います。精神的にも物質的にも豊かになって老齢期を迎えた日本は、世界の国々のお手本になるような社会にならないといけないなとも思いますね」

国際的な議場において、「食」にまつわることは大抵「フードクライシス（食糧危機）」「ウォータークライシス（水の危機）」という単語と共に、迎える危機にいかに立ち向かうか、対策をめぐる議論が展開される。これは、「食や水を巡って争う時代がやって来る」という文脈から見る世界のアジェンダ設定であって、「争って奪い合うもの」とみるか「分け合うもの」とみるかでビジョンは全く異なるだろう。

「与えたり分けたりするのは、もったいなく思うかもしれないけれど、心は豊かになりますから、それも、交換。自分が十分に食べられないような状況にあれば、心も荒みますから自分を保つことはもちろん大切です。ただ、過剰な豊かさに白熱するのはステイタスを味わうようであっても、その繰り返しに偏るとかえって心が貧しくなります。SNSの流行の中で、ビジュアルの良さに心血を注ぐことも同じかもしれません。一見、そこに幸せがあるように見えるけれど、本当に幸せを感じられているでしょうか。〝本当の美しさ〟に導く考え方として、宗教のようなものが必要かもしれません」

死に向かう生にある以上、自分一人で持ち続けることはできない。ただ眠らせているだけでは腐ってしまうこともある。それゆえに、私たちの祖先は周りの人や未来と分け合うために、うまく分け合う関係性をつくったり、備えや蓄えとなるよう手間をかけたり、発酵によって命の連鎖をつなぎ、変化を受け入れ未来へ渡す工夫をしてきた。

スナップショットで切り取られた「部分」を消費していくような時代にあって、大原さんの提案は、ものごとはそもそも連続性のある大きな流れの中にあることや、それがいかに安心できることかを伝えてくれる。美味しさも喜びも波であり、切り取ってわかるわけではない。人は、〝美味しさ〟を文脈や背景といったコンテクストも含めて受け取っていて、日頃の表れを、今ここに感じるのだろう。

人それぞれの、ご機嫌にある方法

「手作りでないといけないというのも、あまり大した根拠はないんじゃないかなと、実は思っています。道具や食材をたくさん揃えて、使い切れずに捨ててしまうのももったいないですし、今のこ

の便利な世の中では、そこまで手作りにこだわることはないと思いますね。私にとっては、料理を作って食べる楽しみが大切だから、そうしたいし、それがないと生きていけないですけれど、料理に煩わされるのが嫌な方もいらっしゃいます。

私のモットーのひとつが〝無理なく、無駄なく、機嫌よく〟ということ。家族を機嫌よくするためにと思っていた料理が、作る人の苦痛になってしまったら困ります。無理に料理を好きになる必要はないんです。お花を活けるのが好きだったり、テーブルセッティングが好きだったり――何か好きなことで食を楽しむことができたら、そこから始めるので全然いい。好きなことをやっていると、段々頭が空白になって無心になって、そうして心が整ってきますよね。そういうことが大事。人それぞれの好きなことが、〝無理なく、無駄なく、機嫌よく〟あるための方法だろうと思います」

大原さんは、自分と異なる人を認め、寛容であることの大切さを繰り返す。わからないでいると余計に不安になるから、もっと喋ったらいいと話してくれた。自分に普段見えている世界の狭さは、スーパーの魚売り場にも現れているというから興味深い。日本のスーパーに常時並ぶ魚は20種類程に限られているものの、実際は日本列島の周りの海には圧倒的な数の種類の魚がいるという。私たち消費者は、使ったことのない魚に手を伸ばすことをあまりしないから、獲れてもなかなか店頭には並ぶことはないそうだ。

「自分には馴染みのない発想や、普段は選択しないことに〝なんか面白そう〟と好奇心を持てたら、もっと楽しいことが増えるし、異なるものを差別したり否定せずに済みますよね。好奇心を持って関わりを広げていけたら、こころももっと広がる気がします。それには信頼が必要ですから、それぞれに正直で善良であれたら、猜疑心(さいぎしん)を向け合うことなく安心していられます。食に関して言えば、生産の背景がクリアになったり、法整備が整うことで、食品や外食産業に必要以上に不信感や罪悪感を抱くこともなくなりそうです。選ぶ人も納得して選択できれば、もっと安心して楽しめるようになりますね」

ご機嫌でいられることを大事にすれば、そんなに大きな過ちはないだろう。とはいえ、ご機嫌を損なうような「こうあらねばならない」からなかなか離れられないのも人間だ。「手作りの身体にいい食事を家族に食べてもらいたい」と頑張ってもいい。けれど、ご機嫌でいられる範囲を超えそうな時は、そうしなくてもいい。外食をしてもいいし、たまにはコンビニ弁当もいいかもしれない。

信頼は、社会のシステムとして担保する仕組みもあるものの、心身の安寧の伴う信頼は、交流によって育まれる関係性なくしては難しい。私は十数年前、東京から京都へ生活の拠点を移したのだが、街のサイズに依るものなのか、日々の暮らしの感覚はだいぶ変わった。京都は、街と畑の距離が近い。大原さんは、主に洛北の農家の女性が街をまわって採れたての野菜を直売する「振り売り」を利用しているそうだ。かつては大八車や天秤棒を担いで行商が行われていたものだが、今では軽トラックがやって来る。

「《振り売り》は本当によくできたシステムで、毎週そこに行けば、同じ農家の方がいらっしゃいます。自然と顔見知りになりますし、野菜の具合から使い道まで、世間話を交えながら買い物をしますから、そこには嘘も、ごまかしもありません。売り手も買い手も、今後も続く関係性を望んでいるからこそ、お互いに正直です。農家にとっても、いいものを作って喜ばれる喜びがあるし、現金収入があります。最高の関係性がそこにはあって、一番大事なことだなと思います。普通に暮らしていながらそれを感じられるのが京都の街の良さでもあって、幸せなことだなと思いますね」

リアルな関係性では、良いも悪いもフィードバックが早い。「あれはいまいちだった」ということもあるだろう。言わないで離れることもできる。よい関係が続くことを望むからこそ、自分のためにも相手のためにも伝え合う。それもまた正解はないけれど、正直に伝え合ってきた結果、お互いのよろこびの中、「京野菜」の質は改良されて、希少な品種の生産は受け継がれてきた。

役立ち合って、迷惑をかけ合って

『グッド・アンセスター』は、「我々はどこからきて、我々は何者で、我々はどこへいくのか」という問いを、7世代にわたるような長い時間軸で考える視点を提案する。7世代とは果てしなくも思えるが、今の私が、日々をいかに生きるかに尽きるだろう。未知なる未来のシナリオを前に「未来のためにこうしなければ」と背負い込んでは、問題提起と課題に追われるばかりかもしれない。今、ここにある自分自身と私たちのあり方をもってこそ、然るべき展開に運ばれていく。

「ゆるす」こともまた、ゆるさなければいけないことではない。関係性のうえに、「ゆるし」がやってくるような時がくるかもしれない、そうではないかもしれない。関わりがほぐれる環境が整うまでに、必要な時間や経験があるだろう。

「経験を通して、他人(ひと)をゆるせるようになることもあるけれど、同じような体験をして

いなければ、他人のことはわからない。わかるわかると言っても、本当のところはわからないから、たくさんの経験をするべきだと思います。どんなに悪いことのように思える体験も、気持ちがわかる経験にしていけさえすれば、いいものに変えていける気がします。そうして老いてゆくときは、若い人たちを受け入れて、応援をして。必要とあれば、少しアドバイスができるかな、というぐらいで生きていければいいですね。人間というのは元々幸せなもので、いいものなんだということをみんなが思っていけたらいいなと思います」

「幸せ」がどのようなものかは、人や時代によっても異なるだろう。ともすると、世代格差は争いの原因にもなりがちだ。けれど、7世代を意識してこの世を見るならば、同じ今を生きる私たちは10代も90代も同世代にみえてくる。社会的には、親や年配者は、子どもや若い人たちに「何かを教える」立場にあるかもしれないが、取り巻く環境は自分が同じ年齢を過ごした過去とはだいぶ違う。「自分が生きた道はこうだった」と自らの経験をシェアしながらも、未来人とも言える子どもや若者たちから学びたい。同時代を生きる者同士、存分に分け合い、学び合えるといいのだろう。広い仲間への好奇心を持ちながら、いかに工夫をしてアップデートして生きていくかということが、グッド・アンセスターのバトンを渡し続けることになる。

その時、関心も好奇心も、やはり無理があってはご機嫌にはいられない。苦手な食材があるように、人と人にも相性がある。「人間関係においても子育てにおいても、しんどい時は苦手なことから一旦離れることも大事」と大原さんは言う。これもまた、自分と他者を「ゆるす」ことと言えるだろう。

「私たちは、そんなにたくさんのことを知らなくてもいいのかもしれませんね。頭の中が散らかっているから、安心できずにいるのかな。落ち着いてじっくり考える時間が必要なのかもしれません。ネットに書き込まれるマイナスの声は、全体の1％にも満たないものでも、半数を占めているかのように感じたりします。何かを表現するにおいても、わずかな批判的な反応を恐れれば、〝やってはいけないこと〟のしがらみで面白さはなくなって、伝えたいことも伝えられなくなります。ネット社会の副作用でもありますね」

オランダの歴史家、ルドガー・ブレグマン氏は著書『Humankind 希望の歴史』（文藝春秋）で、これまで社会の多くの場面で、生物学的な人間の悪人性がまことしやかに語られてきたことを指摘して、「本当にそうだろうか」と問いかける。

人間の悪人性を補強するエビデンスとして活用されてきた、数々の実験に基づく論証を本書は一つ一つ検証し、実はそうではなかったことが解き明かされる。人間は本来、基本的にお人好しであるということを、ブレグマンは一冊を通して丁寧に描き出す。

社会が人間の悪人性を誇張するようになった背景に、ブレグマンはニュースの誕生を指摘している。情報に、注目度に応じた価値が生まれれば、注目に値するための刺激が必要になる。ニュースが商品化すれば尚のこと、刺激的な表現がつきまとい、良いも悪いも極端に振れていく。流れるニュースばかりを見ていては、あたかもこの世は刺激に溢れ、そうでなければいけないかのような焦燥感に煽られることもあるだろう。あえて刺激を投げ込んで、その反応を測るような社会にあって、端末から傾れ込む情報は、反応を期待する刺激が描く世界であることを自覚したい。

「食べものについても、びっくりするような情報に溢れています。それに左右されてしまうと良し悪しの判断が極端になって、否定や差別、不寛容さにもつながります。みんなそれぞれ、自分に足りない要素を身体が感じて、身体が本当に食べたいと求めるものを尊重し合うことが、命を守るうえで大事なことだと思いますね。これまで食を通じて、そうしたことを伝えてきたように思います」

仏教の布施は、伝統的に財施・法施・無畏施の三種ある。今の時代は、私たちの心の畏れをほどく無畏施こそが必要だろう。安寧を揺さぶる刺激に溢れる中で、自ら善良であろうとし、お互いが善良であることを信じられる安心を、大原さんは伝えてこられた。

食も、ともすれば栄養素という情報で食べる傾向があるかもしれない。野生を呼び起こしてくれる営みとして、自分の身体の感覚を信じたい。

本当の無駄はどこにある?

「とにかく無駄が多いなと思いますね。スーパーの野菜売り場を見ても、量り売りが多い海外に比べて、日本のスーパーはとても丁寧にパッケージされています。傷が付かないように、衛生管理できるようにと、〝ちゃんと〟するために過剰に行われることが多いと思いますね。強い衛生観念もあるのでしょうか。例えば、幼稚園では1日に3〜4回分のお着替えを用意したりします。準備や洗濯を思えば、どうみても無駄がある。けれど、〝汗をかいたままで風邪をひいたら?〟という声を前に誰も無駄とは言えなくなってしまう。もっと、緩くなれたらいいのにと。厳しく対応することが、自分たちの首を絞

めているということに気がついていかないといけないですね。自分でできることをやらずに批判をしたり、やってもらって当たり前と思っていることも、経済的な負担を含めて、いろいろなところで過剰が生じています。本当の無駄は野菜の端っこではなくて、〝ここやで〟と思いますね」

時に誤ってしまうかもしれないが、失敗したら失敗したでいいんじゃないか。街や施設に張り巡らされた案内板も、本気で問題を防ぐというより、「対応している」というエクスキューズのように見える。対策で埋め尽くすことで無畏施を果たすのは、難しい。私たちの野生を信頼して、もっと失敗をゆるしていけるといい。

「知り合いが病気の時や、人の家にお邪魔したりする時に、かつては料理を作って持って行ったりしたものです。お葬式には割烹着（かっぽうぎ）を持って伺って、夜伽（よとぎ）の料理を出したりしました。そうした持ちつ持たれつの関係も、今では多くの人が、〝迷惑をかけないように〟とどこか遠慮して生きているように思います。もっとカジュアルに、気持ちを受け取り合いたいと思いますね。私たちはみんな、迷惑をかけて、かけられての関係性なのですから」

素朴にシンプルに、もっと大胆になっていい。相手にとってどうかは別にして「わたしの気持ちの表れ」として手料理を持って行ってもいいし、それが何か手の込んだものでもなくていい。

「今の時代は、色々なことに自分でアクセスできるから、偏りが生まれやすい一方で、特に今の若い人たちは、自分は大きな渦の中の一点に過ぎないという意識があって、偉くならなきゃ、強くならなきゃという気持ちがあまりないように感じます。それはすごくいいことで、むしろ私たちの世代やそれより上の世代がほぐれていくといいかもしれません」

はたと立ち止まって正気を取り戻し、方向転換しようとしている人たちがいる。私たちは、正気を失っていることに気づけるぐらいの正気はもっているだろう。

いつしかまとってしまった堅苦しさを抜いていく、そんな緩やかな提案は、大原さんの佇まいそのままだ。料理は、無理なく、機嫌よくあるためのもの。レシピや食材の使い方の発信は、ものや人との付き合い方、生き方の提案として広く届けられている。すべてに通じているのは、「無理をせず、無駄なく使い、毎日を機嫌よく」。

SDGsというゴールを共有するにも、「やってはいけない」に追われ、「ちゃんとやっているふう」に必死になっても仕方がない。私たちの野生の中に、他にやるべきことがじゅうぶんにあることに気がついて、それを信頼できる社会でありたい。本当の無駄は、確かに野菜の端っこではなさそうだ。

シブサワ・アンド・カンパニー
株式会社 代表取締役
渋澤 健

異なる世界が共にあるために

長期投資を通じて企業活動に伴走し、自分ひとりでは到底できない社会の動きに参画をする。想いと共に、持てるリソースを巡らせながら、望む未来を協創する。長期投資をご専門に、実業界から社会公共事業、外交に至るまで、国境を超えた社会創成に携わる渋澤健さんは、人生の先輩であり、親しい友人でもある。対話の中では、「はたして仏教はどう捉えているんでしょう?」と、度々仏教を参照される。長きにわたり、日本とアフリカ各国との経済交流の架け橋として尽力されてきたほか、ESG投資、インパクト投資、さらには寄付や遺贈の体制整備にもあたられている。世界と日本を股に掛け、ダイナミックに活動する渋澤さんに、国や地域によっても異なるであろう物事を語る文脈や、その受けとめ方、そしてこれからの企業のあり方についてお話を伺った。彼は、日本の近代経済社会の礎を築いたと言われる渋沢栄一(1840-1931)の五代目の子孫でもある。

渋澤　健

(しぶさわ　けん)

シブサワ・アンド・カンパニー株式会社代表取締役、コモンズ投信株式会社取締役会長。1961年生まれ。83年、テキサス大学BS Chemical Engineering 卒業。84年、(財)日本国際交流センター入社。87年UCLA大学MBA経営大学院卒業。2001年にシブサワ・アンド・カンパニー株式会社を創業し代表取締役に就任。07年にコモンズ株式会社(現コモンズ投信株式会社)を創業、08年に会長に就任。23年に株式会社and Capitalを創業、代表取締役CEOに就任。経済同友会幹事およびグローバルサウス・アフリカ委員会共同委員長、新しい資本主義実現会議など複数の政府系委員を務める。東京大学総長室アドバイザー等に就任。著書に『渋沢栄一100の訓言』、『SDGs投資』他多数。

馴染みがなくとも

「場所が変われば、捉え方は若干違うかな。2005年に提唱されたESG（Environment Social Governance）投資は、財務状況のみならず、環境・社会への貢献とガバナンスという非財務情報を可視化して企業価値を捉え、投資判断を行うものです。最近では《ポストESG》の潮流にあって、これに《インパクト》という概念が加わりました。通常の投資が、複雑で多様な価値をリスク（不確実性）とリターン（収益性）の二次元に落とし込んで測るのに対して、インパクト投資では、企業が果たす《課題解決》の価値を含めて三次元で捉えます。また、企業が主体性をもって課題解決を意図し、測定して可視化することがポイントです。

近江商人の素晴らしい経営理念《三方よし（売り手よし、買い手よし、世間よし）》は、ある意味で漠然とした概念です。売り手のよしは利益で計り得るものの、買い手の満足度や、世間にとってどうかは実のところよくわかりません。日本人の間では、〝それ、すごくいいよね〟と《感覚の共有》から価値を見出すことができるかもしれないけれど、他国の人にとってはどうでしょう。同一性のある、似たような感覚をもつ人同士の間でなければ、〝それ、いいよね〟の価値は成り立たないわけですね。

世界の異なる文化や人種を超える時には、可視化しないことには共通言語が生まれません。〝どれぐらいの効果があるか〟をもって語れなければ、国際会議のような場では多くの人が腹落ちしないだろうと思います。同一性のある社会と、様々な価値観の混ざり合う社会では価値の見出し方が異なります。

そうした《違い》の理解も大切ですけれど、僕自身は、共通項も大事だと思っています。アフリカ各国の社会経済活動に関わりながら、人的資本の向上に向けて、一緒に社会を共創（コークリエイション）しましょうと伝えています。人が大切であることは、どこの国であっても変わりありません。〝資源を活用しながら、サステナブルでありましょう〟と掲げた先に、どのようにするかを考えるのは、そこにいる《人》なんです。〝Save the Planet（地球を守ろう）〟と言いますけれど、地球は残る。問題は、人なんですね。そうした時、過去から未来にわたってつながる人間の精神性──スピリチュアルな部分はとても重要だと思います」

ビジョンを前に、お手上げになることはない。

渋沢栄一が「一滴一滴が大河になる」と合本（がっぽん）主義を唱えたことにもある通り、「人的資本」を個人に完結する「私のスキルや能力」とみるか、コレクティブな「私たちのスキルや能力」とみるかで、ビジョンには大きな違いがある。SDGsという目標も、ともすれば「私」に紐付かず、「結局私に何ができるのか」と無力に思うこともある。「私から、私たちへ」とビジョンが転換することで、「私」も「私にできること」も見えるものが変わってきたりしないだろうか。

「一個人のスキルアップや意識の高まりも大事ですが、社会が繁栄するには自分のためだけであっては循環しません。会社一つをとっても、自分一人では何もできない。SDGsの掲げる17のテーマの根底にあるのは〝誰一人取り残さない〟という理念です。未来世代をも含む、あらゆる存在が含まれているわけですから、これはもうとてつもない理想的なビジョンですよね。SDGsの2030年という時間設定は、あまりに大きなビジョンにお手上げにならず、〝とりあえず、ここからやっていきましょう〟というマインドゆえと思います。〝将来こうなるとすごくいいよね〟という頭の中の想像を、どうやって達成するか。そのプロセスを、逆算――バックキャスティングして考える。そうして高い目標から、今、何ができるかを落とし込んでいくわけですね。

自分に見えている空間やそこにいる仲間のことに留まらず、そこを超越した世界のことまで私たちは想像できます。できないかもしれないけれど、一部であればできるかもしれない。理想は、非現実的と言えるかもしれないけれど、非現実的なことを与えられているのは人間しかいないんですよね。人間だからこそ、理想を掲げることができるんです。物理的な価値もあれば、頭の中で想像する価値もある。それをつなげることができるのが人間の力ではないかと思います」

法人という関係性

人間の個の営みと、社会的生きものとしての特徴が結実した一つの形が「法人」だ。存在はinterbeing（関係性）にあらわれると言うように、法人という存在も、何らかをめぐる集合的な関係性の連なりであり、それが主体をもって道をゆくとき、社会の一端をドライブする力となる。時に、一国の力を凌ぐまでに展開することもある。

「法人というのは、法的な存在であって、物理的なものではありません。そこで、〝法人に意識はあるのか〟という問いが浮かびます。契約に意識はありませんが、そこに集まってくるのは、人であり、意識です。そうした集合的な存在は、様々なステイクホルダ

ー（利害関係者）があって初めて存在していることに気づきます。ステイクホルダーと共に価値をつくることができれば、より大きな成長があるかもしれない。そこに、法人の意味はあると思います。私は《意味＝価値》だと思っていますが、仏教は《意味》をどのように捉えているのでしょう。自分の存在に価値があると思えれば、生きている意味があると思えます。そして、自分の存在に意味がないと思えば、生きている価値はない、と――意味とは、なんでしょうか」

過去から受け取る様々な恵みは、血筋に依るものもあれば、名前すら残されていない無数の存在から頂くものもある。私の生まれた北海道・小樽の街には、当初の用途は失われた今もなお、美しい運河が滔々と流れている。運河をつくり、世代を超えて守り継いできた無数の人々がそうあるように、私自身もまた、名が残ろうが残るまいが、次世代に何らかの恵みを渡していける存在になる。自らがそうした大河の一滴である自覚の感覚を出発点とするならば、生きる意味は私個人に完結しない。大河の流れに参画しているそのことに、存在の意味がある。そこに在ることをもってして、既に「受け継ぎ、受け渡していく」存在であることに気づきたい。意味や価値といったこともまた、何かに刻まれずとも、大河に受け渡されていく。

意味や価値が個人に閉じれば、それぞれに尖った意味や価値を見出す必要に追われて結構しんどい。個でありながら集合意識の一滴であることは、生命が授かっている智慧かもしれない。

「法人の成長は、そこに集まる人の成長ですから、企業の持続可能性や将来的な広がりをみたとき、〝個と全体の意味〟が沿っていること——つまり、一人ひとりの意識において、自分がそこにいる意味と会社の意味がアラインして（揃って）いることが大事だろうと思います。これまで、会社も社員も、共に永続的な貢献と安定を求めて、所有・所属をし合うような《囲い込み》で成長した時代がありました。そうした《囲い込みモデル》は機能しなくなったこれからの日本社会において大切なのは、会社が向かう方向に賛同する人たちがそこに集まり、賛同しなければ離れていくという新陳代謝だろうと思います」

いまや、働き方にも多様な選択肢があるなかで、誰もが会社に所属する意味を問うだろう。あえて、集合的な関係性に身をおき関わることは、必要だろうか。

ブッダは、よき修行、つまり悟りに至る近道は、よき仲間と共に行うことであると説いた。

何をやるかも大事だが、誰とやるかに依るという。大乗仏教は、他者救済の利他行を行う菩薩道が土壌にある。自らを整え、養生をして、利他の修行に励んで他者を救う、一連のサイクルだ。企業活動も、事業が社会の好機としてはたらくならば、利他行と言えるだろう。共に働く仲間が、よき修行を共にする仲間となれば、会社は「修行道場」のような場になるかもしれない。よき道場もよき仲間も、自らと環境と、その関わりに応じて変わることもあれば、変わらないこともあるだろう。共に、変わっていくこともあるだろう。すべては、尊い一人ひとりに任されている。

応答可能性をひらき合おう

禅の言葉「主人公」とは、自らの人生を生き切るということ。私が私の人生のオーナーシップを持つこととも言えるだろうか。むろん、誰かの人生を代わることはできないが、誰かの物差しに沿って生きることでもなく、誰かの期待を満足させることでもない。私が、私の主人として生きることを表している。

「主人公になる気づきのなかには、自我を離れ、俯瞰して見つめることも含まれているのでしょうか。自分に見えるだけの世界にあっては、本来の主体性を失いそうです。見

えている世界における自分にできることは当然ながら、メタ視点で今の自分に何ができるか、何をすべきかを考えることも必要ですね」

主人公は、自分の思うがままに、好きなようにやればいいということではない。エゴはあっても、そこから自由になるということ、エゴから離れ得ることであり、それに気づいていくプロセスが仏道だろう。

國分功一郎氏、熊谷晋一郎氏が『〈責任〉の生成――中動態と当事者研究』（新曜社）でも提示しているように、「リスポンシビリティ（responsibility）」という単語が「責任」と訳されて日本社会に取り入れられたことには、私も強く違和感を感じている。本来の意味を素直に拾えば、「応答する（response）＋可能性（ability）」となる。何をするにもリスポンシビリティを問われる時代、「責任」ではなく、「応答可能性」を大切にする社会であれば、もっと素朴に「それ、やってみよう」とお互いの可能性を表明し合うことができそうだ。そこには、主体性を発揮したのびやかさがある。本来、リスポンシビリティとは背負ったり課されたりするものではなく、とても素敵なことなのだ。

「日本では〝責任を取って辞める〟シーンをよく見かけますし、〝誰が責任を取るんだ〟

とも言われます。けれど、そうして応答可能性を失ってしまっては、むしろリスポンシビリティを受け取れていないわけですね。状況に応じて適応できる力こそ、求められています。SDGsの達成や持続可能性のリスポンシビリティを問われる時、そこには可能性が広がっている。萎縮する必要はないのですね。

今の若い世代は、国内に限って言えば、人口は減少傾向にあり、経済が低迷する時代に生まれている事実はありますが、世界へ目を開いてみれば、若い世代ほど人口は多いんです。新しい時代の新しい価値観で、成功体験を創りながら主役になれる世代だと思います。デジタルネイティブですから、生まれながらにして、世界と瞬時につながることのできる可能性に溢れていますよね。

世界の人口の多くが集中するグローバルサウス（途上国）の人々が、今、何を求めているかというと、仕事に就き、生計を立てて家族を養いたいという、当たり前のことなんです。そうした当たり前のことが叶わない背景にある課題に取り組むのが、SDGsだと思います。スタートアップから中小・大企業まで、日本全国には様々な企業の取り組みがありますから、その多様な組み合わせをもって、世界各地の人々の生活を直接・間接的に支えることができるんじゃないかと思います。それができたら、多くの人から〝日本に伴走してもらえたらいいね〟と思ってもらえます。

現状を、決してネガティブに考えることはない。何歳になってもできることはありますし、歳を重ねてこそできることがある一方で、動き回れるのは若い世代の特権です。ですから、ぜひ、世の中を見てほしい。知らない世界を見に行ってほしいですね。私自身、アフリカへ行く度に〝百聞は一見にしかず〟とはその通りだなと思うんです。知らない世界と、知っている世界をつなげることで、価値や意味が生じてくる。世界を見れば、日本の立場や日本に求められていることがわかります。そうしたなかから、自分の能力や体力を使いたいと思えるもの、関心の向かう先が見えてくると思うんです。ずっと同じ場所にいると、同じスイッチがONになったりOFFになったままになります。異なる環境に身を置くことで、眠っているスイッチがONになることもある。学生からは〝部活あるから、時間ない〟と言われちゃうんですけど、でも、行って見えてくるものもありますから」

未来にとっての「正解」とは？

グッド・アンセスター（よき祖先）を語る時、何が本当にグッドなのかはわからない。私た

ちの選択を、百年後の人たちはいったいどう受けとめるだろう。もし、百年後の人たちがグッドと捉えたところで、二百年後の人たちはどうだろう。状況は絶えず変わりゆくなか、歴史の評価は変わっていく。一人ひとりの意識も変わる。確証できる「正解」は、一つとしてないのかもしれない。

「概念をめぐっては、《サステナビリティ》一つをとっても西洋文化は〝白か黒か〟の判断基準が明確です。〝ダメなものはダメ〟と推し進めていく傾向もありますね。日本はある意味合理的で、トランジション（転機）の過程においては、従来の流れやその関わりを考慮して、選択肢を設けながら目指していこうと考えます」

昨今、欧州連合（EU）の欧州委員会は、脱炭素に向けて、2035年以降にゼロエミッション車

（走行時に温室効果ガスを排出しない車両）以外の新車販売を禁止する方針を示してきた。これに対して、日本の自動車メーカー各社は脱炭素を指向しながらも、電気自動車（EV）やハイブリッド自動車（HV）、燃料電池車（FCV）など、社会状況やエネルギー事情に応じた多様な選択肢を併せ持つ方針にある。

私たちは共に未来を語る時、常に「判断自体が誤っているかもしれない」まなざしが必要だろう。今、世界は脱炭素に一心になっているけれど、30年後、50年後には、炭素以外のファクターが最重要イシューとなっているかもしれない。だからこそ、多様な選択肢、様々なラインを根絶やしせずに、残しておくことは大切だろう。こうした発想は、ともすると玉虫色と批判的に指摘されることもあるかもしれないが、日本から提案できる中道的な知恵ではないか。

「生命の遺し方は非常に非効率です。一つの卵子と結合するため、2〜3億の精子が撒かれるわけですが、一番いい組み合わせがどれかはわからない中、然るべき一つが結合される。正解が最初からわかっていれば、人類ははじめからそれをやっていたでしょう。けれど、環境は変わるからわからない。わからないからこそ、撒いてみる。結果的に、スティーブ・ジョブズの言う"Connecting The Dots"――点と点がつながっているという

ことだと思います」

生きて渡せるもの

「間違いなく私は、グッド・アンセスターから受け継がれて在ります。日本がかつて大きなリスクに晒された時、渋沢栄一ほか数々のグッド・アンセスターがいたから今の日本社会があると考えた時、自分は次世代に何を残せるのかと、40歳を過ぎた頃から考えるようになりましたね。渋沢は、社会が激変し不確実性しかなかった時代に、人間性や主体性の伴う『論語と算盤』を提示しました。彼の数々の言葉を受け取って、主体性に基づく考えと行動をもって次世代にバトンタッチしていきたいと思うようになって、20年が経ちました。彼の遺した言葉に出会ったことは大きいですね。こんなにもたくさんの言葉を遺してくれた、これは財産なんだ、と。いかに有り難く貴重な財産であるかに気づいたんです。株は一株も遺されていませんが、言葉には相続税が掛かりませんからね。（笑）」

渋沢栄一の言葉には、みんながアクセスできる。減るものでもない。広まればまた、増えていく。

「今は、誰でも様々な媒体を通して〝自分はこのように生きてきました〟と遺せます。そうしたアーカイブを通して、未知なる未来の子孫は、未知なる先祖に出会えます。〝あの時代に、こういう人がいたのか〟と。声であってもいいですね。デジタルアーカイブは、百年前には存在していなかったインフラです。

財産は今、家系に継がれる相続ではなく、生前の寄贈（遺贈）が増えています。かねてからお手伝いをしている《READYFOR財団》では、寄付者の方から生前に寄付金をお預かりして、亡くなった時にその方の想いに沿う事業に使わせていただく遺贈サポートをしています。遺贈と、〝自分はこうした人生を歩んできて、こうしたことに関心がありました〟というアーカイブされた《想い》を併せて渡していけば、未来の人たちに想いのバトンを渡すことにもなります」

道は何処へ通じているか

年齢を重ねていくほどに、「はたして今の自分に、未来へ何を遺せるだろうか」と無力感に苛まれることもあるだろう。そうした方に向けて渋澤さんは「前の時代から次の時代へ、遺せるものを見出すことができるかどうかで、晩年の幸せ度は大きく変わる」と話す。

「サラリーマン生活を40年間ほど続けていれば、異なるフェーズ（局面）に入るということだと思います。人と関わり、社会とつながりを持っていること、それから、イマジネーションが大切だと思います。イマジネーションを失った瞬間に、世界は目の前に見えるものしかなくなってしまいます。その時、人生はつまらなくなってしまうと思いますから。自分の人生を通して遺せるものや、人生の意味を見出して暮らすことができたら、幸せですよね。その意味というのは、自分ひとりに完結しないということです」

修養、つまり、修行と養生をまわしながら生きていくことが、人間が「道」を行くには大切だろう。その道とは何処へ通じているか。右肩上がりの成長モデルにおいては、常に目標が必要だろう。けれど、「修養論」を提唱する京都大学の西平直（にしひらただし）先生は、修養の目指すところは無私・無我の“NO-SELF”と言う。“NO-SELF”はあらゆる執着から離れた境地だが、そうした悟りの状態を仏教は涅槃（ねはん）（サンスクリット語で「ニルヴァーナ」）という。ブッダは生涯を通じて、二度、涅槃に入られた。一度目は35歳の時、それまでの苦行を離れ、菩提樹の下での瞑想により自我を滅した時。二度目は、80歳で死を迎え、肉体をも滅した時だ（これを〝大涅槃〟という）。

道を歩むとは、自分が何かになったり成し遂げるというよりも、「終わりのない修行」だろう。終わりのなさに圧倒される必要はなく、私はここに希望をみている。誰もが等しく死に向かっている。道は死にゆく準備でもあり、終わりはない。

「死をもって知識も富もぜんぶ無くなるけれど、せっかくこうして時間と機会を与えてもらっているのであれば、自分が意識を持って動き回れる間に、存分に学んで経験したいなと思いますね。

しかし“NO-SELF”とは、僕はなかなかそこまでは悟れないいな。(笑)」

仏教の教えは常に、一切の執着を手放していくことを示しているが、生きていれば自然とSELFは立ち上がり、人目を気にしたり、承認欲求が湧いたり、なんらかのこだわり、つまり執着が生じてくる。ブッダのように“NO-SELF”には到底なれない私たちは、永遠に達成し得ないゴールに向かう未完成な存在だ(達したような感覚は、スッキリを望む私たちの脳が創り上げるフィクションであるかもしれない)。そうして未完成でありながらも利他に生きようとする様は、紛れもなく菩薩の姿と言えるだろう。

「それにしても、日本には先祖のことを想う文化はありますが、自分の子や孫を超えた子孫のことを考えること自体、あまりないように思いますね。この非対称性は、なぜでしょう。先祖の人たちからしてみれば、過去に生きた自分のことを祈ってもらうより、むしろ未来の人たちのためにしっかりやれよ、と言ってたりするんじゃないかと思いますよね。（笑）」

日本仏教において、お寺はこれまで、過去生きたご先祖さまに出会う場のようであったかもしれない。お寺は、これから生まれてくる未来の人々にも開かれているはずであり、そうした場にしていきたい。渋澤さんは、岸田内閣では「新しい資本主義実現会議」の委員を務めておられるが、その議論の場では次のように語られている。

……新しい資本主義では、仮に会社から解雇されても、社会からは絶対に解雇されないというような包摂性があることを実現させるべきである。

（「第12回 新しい資本主義実現会議（２０２２年11月10日）」議事録より）

……声を出せない未来世代に借金を押し付けて得た財源を、声が大きい現世代へ分配するだけではなく、お金が流れていないところに新しいお金の流れをつくるべき新しい資本主義を掲げる岸田政権に、未来世代への投資に必要な英断を要望する。

（同会議　提出資料より）

明治大学 准教授
鞍田 崇

民藝店「やわい屋」店主
朝倉圭一

グローバル社会を支える、内なるうつわと地域性

岐阜県高山市の街の中心から車で約30分、飛騨高山の山里に、一軒の民藝店「やわい屋」がある。店主の朝倉圭一さんは、縁あって飛騨の築百五十年の民家に出会い、現在ある宇津江の集落に移築され、再生しながら場をつくられている。店には小さなギャラリースペースや屋根裏には図書館が併設されている。何より、そこは家族と暮らす家であり、ものや人や地域との関わりのあらわれという。週末ともなれば県外からも多くの人が訪れ、手のひらに収まるものを介して、言葉や立場を超えた多様な交流が生まれている。

哲学者の鞍田崇さんは、人生の歩みを進めるなかで避けようもなく民藝に出会われて、ご自身もそこに惹かれながら、今、人々があらためて民藝に関心を寄せる時代の空気を捉えてこられた。彼もまた、やわい屋が誕生した頃から飛騨高山の里に通うお一人だ。

朝倉圭一

（あさくら　けいいち）

民藝店「やわい屋」店主。1984年、岐阜県高山市生まれ。移築した古民家で、民藝の器と私設図書館の「やわい屋」を2016年に開店、現在に至る。「Podcast」にて「ちぐはぐ学入門」を配信。雑誌「民藝」編集委員、飛驒民藝協会理事。

鞍田 崇

（くらた　たかし）

哲学者。1970年、兵庫県生まれ。京都大学文学部哲学科卒業、同大学院人間・環境学研究科修了。博士（人間・環境学）。専門は哲学・環境人文学。総合地球環境学研究所を経て、2014年より明治大学理工学部准教授。近年は、ローカルスタンダードとインティマシーという視点から、工芸・建築・デザイン・農業・民俗など様々なジャンルを手がかりとして、現代社会の思想状況を問う。著作に『民藝のインティマシー「いとおしさ」をデザインする』、『〈民藝〉のレッスン　つたなさの技法』など。

「心をここにおく」実感

朝倉さんの民藝との出会いを辿ると、子ども時代まで遡る。

朝倉　**「僕の両親は、僕がまだ子どもの頃、新興宗教を信仰していた期間がありました。ちょうどオウム真理教の事件もあって、世の中の宗教、とりわけ新興宗教への風当たりが強かった時期です。それもきっかけの一つだったと思いますが、学校で周囲に馴染めずに、不登校になりました。みんな当たり前のようにクリスマスもお正月も楽しんで、いろんな信仰を受け入れているのに、周囲から〝お前のうちはおかしい〟と言われる理由がわからなかった。普通って何処にあるんだろう、と。それ以来、答えの出ないままずっと探し続けています。まわりにとっての普通、自分にとっての普通、地域にとっての当たり前の暮らしって、なんだろうと」**

「普通ってなんだろう」――朝倉さんが問い続けている問いは、誰もが答えが見つからないまま、抱いていることかもしれない。自分は（あの人は）普通じゃないんじゃないか。苦しみはそこにあるんじゃないか。普通じゃなくたっていいじゃないか。そう思ってもまた、ふとした時に湧いてくる。「普通って、なんだろう」と。多かれ少なかれ、長い人生の道の途中で、そんな風に立ち止まることがあるだろう。それが大きな不安に振れていくこともあれば、アイデンティティをつくる助けになることもあるだろう。

私自身、寺を持たない僧侶として、これまでその在り方を探ってきた。「普通のお坊さん」と異なることが、自然とアイデンティティを形作ってきたようでもある一方で、「普通のお坊さん」をひと括りすることなど到底できない。

朝倉　**「飛騨は歴史が深い場所です。〝飛騨らしい〟とはよく言われるものの、具体的に問われるとわからない。そのどうしようもない引っ掛かりが僕の原体験にあります。そうして郷土史を探り、掘っていくなかで民藝に出会ったんです。そこには浄土真宗や鈴木大拙(だいせつ)の存在があり、その先には大拙の教え子である柳宗悦(やなぎむねよし)がありました。民藝を通して仏教や彼らの思想に触れていきました。**

僕は当事者意識を持った問題の一つとして、〝この土地で暮らしを続けるための永続性を支えるものとはなんだったか〟を考えてきました。元々ここにあったものが、今、急速に綻び始めて無くなっていっている。江戸期までの暮らしにあった共同体の多くは明治期に壊れていきましたが、高山には《世間》と言われるような、ある種狭いコミュニ

ティの中で、今もかろうじて生きて残っているものが多分にあります。《もの》もしくは《語り部》として、今、引き取るというか、引き受けるというか、掬い上げて横に退けないと、流されていってしまうようなもの——そうした無くなる寸前のものを、足元から拾い上げているという意識が僕らにはあります」

国や社会はいつの時代も、一人の人間がそうあるように、向かう方向を探りながら、「よりよき方へ」との想いで舵を切ってきただろう。そこには、なんらかの「善」や「正しさ」に基づく指針があるかもしれないが、年月が経てば取り巻く環境も状態も変わり、新たな視野と価値観から「あの時どうして」と過去を省みることもある。今、私たちが世界的に取り組むエネルギー問題、環境問題、そしてグローバル化の流れは、経済成長とセットで語られることも多い。二十一世紀の潮流を、未来はどのように受けとめるだろう。

地域を超えた人やもの、サービスの交流が加速するなか、標準化や共通言語づくりは、異なる多様な世界が同じ土壌で対話するためには必要だった。そうして社会の仕組みが構築されてはきたものの、はたして共通言語でどれだけのことを私たちは語り合えているだろう。「私たちの普通」はそこに創られているのだろうか。標準化のもと、足元からは流れ去ってゆくものの多くを、私たちは忘れていってしまうのだろうか。

朝倉　「〝僕らの足元にいいものが残っている〟という確かな感覚があるんです。ものに限らず、想いや習慣で残っているものかもしれませんし、人間同士の関係性だったりもします。かつて曾祖父さんがやっていたことを、今、もう一度やってみようというような時間を超えた土地や人との関わりもありますね。知らない土地から持って来られたものではなくて、この土地にあったものを参照軸にすることは〝心をここにおく〟ようなことかもしれません。今、僕たちが掘り起こしたり教えてもらったりして引き取らないと、完全に縁が切れてしまうかもしれない――」

民藝という、我がごとにしていく過程

鞍田　「私は以前、環境問題を扱う京都の研究機関に勤めていました。環境の問題は、制度や枠組みを変えれば解決するというものではありませんから、哲学のバックグラウンドを持った自分がそこに関わることは、問題を〝我がごとにしていく〟ということでもあったんですね。そのためにはどうしたらいいだろうと思うなかで、興味を持ち始めたのが民藝でした。ちょうど、世の中の民藝への関心が高まり始めていた時期でもありました。

社会が工業化と大量生産・大量消費へ向かうなか、失われていく地域性や手仕事の文化を見るということは、柳宗悦が民藝という言葉を紡いでから百年経った今も、気分としては変わらないんじゃないかと思います。どんなに物質的に豊かになっても満たされない僕らの気持ちが、単なるノスタルジーではない形で民藝への関心として現れているとしたら、「次、みんながどっちにいきたがっているのか」という想いというか、気分みたいなものがそこから紐解けてくるんじゃないかなと――。生活に直結するテーマとして、民藝と環境問題はなんとなく絡み合っているような時代の雰囲気を感じたんです。なぜ今、民藝に対する関心が高まっているかを紐解くことは、いろいろなことが袋小路に入っているこの社会の現状を、多少なりとも切り拓いて〝次〟を探るヒントになるんじゃないかと。そうしてじわじわと、深入りしていきました。

朝倉くんに出会った時、彼の生き様や、生業として引き受けている姿にそういうものが凝縮されているように思えたんです。周囲に馴染めない生きづらさのなかで、不器用にも、宿命みたいにあっちにぶつかりこっちにぶつかり、そうやって自分の輪郭を確かめながら生きざるを得なかった彼のこれまでの道のりに、私自身、共感するところもありました。そういう人が、最後に民藝に辿り着いたということは、すごく示唆的という

か、そこに尽きない何かがあるんじゃないかなと。ある種、同じ想いで民藝というものに関心を持っている者の一人として、高山へ通いながら、今日まで関わらせてもらってきました」

もし、ゴールを設定していたら、朝倉さんや鞍田さんは、民藝に辿り着いていただろうか。「あっちにぶつかりこっちにぶつかり、そうやって自分の輪郭を確かめながら生きざるを得なかった」という姿に、自分を含めて多くの人が共感をするかもしれない。目標に向かう時、未来に設定したゴールからバックキャスティングして道筋を立てる必要があるとは、よく言われることだ。無駄のない経路を設計し、ゆく道を整備しながら、妨げとなる障害を取り除いていく。なるべく立ち止まったり、ぶつかることのないように。達成具合を確認して、次なるゴールを設定する。社会はそうしたループを歩んできた側面が多い。けれど、はたして僕らは、そんな風に生きることができているだろうか。私たちが「今、設定する未来のゴール」とはなんだろう。ウェルビーイングは、何処にあるだろう。

朝倉　**「環境問題という時の《環境》のなかには、人間も含まれていると思っています。〝人間が自然を守る、育む、修復する〟というよりは、共に過ごしながら、お互いに影響し合って変化を享受していく——正解があって目指すキュア（cure）というよりは、**

わからないながらに共にある、ケア（care）に近いものを感じます。

民藝とは、僕のなかでは〝やがて至るもの〟というか、〝そのようになるもの〟なんです。仏教的に言えば、〝もう救われている〟ということかもしれません。民藝をめぐっては、作る人、配る人、売る人、使う人のネットワークが広がっていて、僕にとっては、それが社会と交わるための一つの入り口だった。僕は高校も途中で辞めていて、民藝や飛騨高山の地域にすごく助けられている感覚が今でもあって、今、自分にできる恩返しをしているだけです。だから、目指しているものを聞かれると、途端に困ってしまうんですね。祈りの側面が強いのかもしれません。――民藝がそういうものだということではなくて、僕自身を語るための民藝が、そうあるということです」

朝倉さんが民藝に関わり、掘り進んでこられたことは、民藝に助けられながら、それがそのまま「我がごとにしていく」過程のようでもある。民藝を語るお二人の口調には、そこに人格があるように感じられるのはそれ故かもしれない。参照する対象として、学び、研究するものであったものが、その過程でいつしか対象ではなくなっていったのだろう。背後にある無数の存在を想いながら話されているようでもあって、そうした無数の存在もまた、我がごとになっているのだろう。

朝倉　「暮らしの中で、物申さぬ死者というか、今ここにいない人たちを観ているところがあります。今ここにいないという意味では過去も未来も同じですが、僕は圧倒的に過去に視線が向いています。時には、自分がどのような家系に生まれ、どういったアイデンティティがあるかを探ることもありました。今、僕たちが暮らす集落もたくさんの人たちの積み重ねの上にあって、その土地の一部を、今、こうして分けていただいている。仲間に入れていただいているという感覚があります。ですから、家も地域も、全てを人格的に捉えているようなところがありますね。〝共に育っていく〟というのでしょうか。

傷が付いていくことも美しいと思えることや、手垢が付いていくこともいとおしいと思えることを、僕は《民藝》と呼んでいるのかもしれません。人それぞれに、自分が大事なものを大切にする時、民藝という言葉を用いてきたんだろうと思います」

今回、鼎談は東京神谷町にある光明寺で行われた。建物は新しくとも、足元の土地には八百年の寺の歴史と、寺が立つ前に積み重ねられた長い年月がある。何処にあっても、今いる場所の足元には果てしない時間とそこに関わってきた存在の成す層がある。目の前のことに追われていたり、わかりやすく捉えられる世界の表面だけを見ていると、すぐにそうした層から切り離されてしまう。

「自分には見えない世界」や「今ここにはいない存在」があることを自覚しながら、「私たち」を捉えたい。頭が考え得る地図や未来予想図を見ていては、どんなに考え抜かれた目標であっても、都合よく設計されたゴルフ場にピンフラッグを立てるようなものかもしれない。枠の中で立てられる道筋には限界がある。世界は圧倒的に、広くて深い。

持続可能な開発の多様性

民藝店を営むことは商いでもあり、経済的循環を抜きにして成り立たないのは当然だろう。経済活動には、ともすればこちらが意図せずとも多様な要素がパワフルに流れ込んでくる。気づけば、市場の論理に根こそぎ回収されていることもあるだろう。やわい屋という商店は、社会経済とどう関わり、距離感を取られているのだろう。

朝倉　**「やわい屋は、高山の市街地から車で30分ほどかかる山間の集落にあって、立地的に観光地から離れていることで、主流からは距離を取っています。サイズは比較的ミニマムに抑えて、どちらかといえば大きくしないことが成長戦略というのでしょうか。**

ます。

大海原でひっくり返ってもすぐに浮かんで来られる、〝笹舟みたいな軽さ〟と認識してい

町の中華屋さんや喫茶店など、長く続いている何気ないお店の経緯はさまざまで、時代やユーザーに合わせて変わり続けてきた結果、今、ミニマムに整っているということが多いんです。現状だけを見れば、変わらずにあり続けた愚直な姿に映るかもしれないけれど、当の本人は不易流行にあって、〝できることをやっていたら、今、こうなってるんだ〟と仰るんですよね。それを聞くたびに、不思議だなぁと思うんです。時代に乗りながらも、応じ切れなかったり乗り遅れたりしながら、結果、今の《軽さ》や《小ささ》に収まり、残っている。僕自身、そうした場所から受け取るものが本当に多いです。

続けるためには売ることはもちろん大切で、僕らもいつも四苦八苦しています。そうありながら、自分たちがそこで暮らすことを第一に考えています。訪れて下さる方には、自分たちの心地よさから、何かを受け取っていただけたらありがたいなと思いますね。本当はもっと時間を掛けてやりたいところ、手が回らないことも、ゆるしてもらっている感覚です。SNSや、現代のモビリティのスピード感がなければこうはいきませんから、タイミングよくこのようにあれることは、ありがたいことです。

訪れる人も僕らも、自分自身とその営みを取り戻すということを、それぞれにやって

いたりするんじゃないかと思います。その方法が、僕の場合は生活の形だった。懐古主義的に古いものがいいというよりは、古いものを呼び起こして――と表現するのはおこがましいのですけれど――今の時代に即した快適性や健康性へと手を加えて直していく過程にあります。古民家に暮らして「土間だと困るんだ」と知り、モルタルを敷く。経験しながら過程を経ることは、既にでき上がったものを手にするのとはだいぶ異なります。幸いなことに、一緒に考えて取り組んでくれる大工さんが集落にいてくれるので、できていることでもありますね。手直しを重ねていくなかで、身体性の伴う地域とのつながりを再確認しています。今もその途上にあって、周囲からすると〝お前の家はいつ完成するんだ〟と笑われますけどね。〝まだやっているのか〟と」

地域性は何処へゆくのか

日々の生活様式を過去へと遡れば、家族や親戚、村といったコミュニティでの自給自足の暮らしに辿り着く。私たちの祖先の生命は、随分と長い間、歩ける範囲の営みのなかで受け継がれてきた。喜びも苦しみもコミュニティの内に生まれ、受け入れられ、そして葬られてきた。直接顔を合わせる仲間といえば、地域に閉ざされていたかもしれないが、一方で、私も仲間も、すべては自然の一部であっただろう。地球をイメージすることはなくとも、生命が根源的に持つ、圧倒的に深く広く長い視座で人生を送っていたのかもしれない。

朝倉　**「民藝の地域性というのは、既にほぼ無いと言っても過言ではないと思います。素材を地元で用意するのは、かつてはそれしか方法がなく、それが一番効率がよかったからで、《効率》という意味において、現在は既に断絶しています。もともと、もの作り自体が〝自分たちが使うもの〟と〝外向きに売るもの〟に分かれていて、特に地方においては前者が中心でした。外に売りに出掛けるのは、正月の祝いとか、病気や災難に遭った時など、村に無いものを特別に調達する必要がある時に限られていた。〝お金で買う〟ことで日々の暮らしが成り立つようになってから、感覚は随分と変わりました。地域が地域に閉じていることができなくなった今、百年前に柳たちが見ていた先にある民衆的な暮らしは、もう残っていません」**

自分たちが使うための暮らしの仕事に、地域の外に暮らす人たちに向けた仕事が加わる。そこに交換が伴って、ものやお金や関係性が、あっちへこっちへ巡りはじめる。どちらか一方が提供するでもなく、どちらか一方が失うでもなく、多様な交流のなかで、私たちの関わる範囲は広がってきた。

そうして今、地球の裏側の森林で採取されたゴムのサンダルを履いて暮らしている。人類の長い歴史に照らしてみれば、あまりに急速な勢いで「自分たち」の枠がほどかれてきた。確かな枠を失って、私が居られるところは何処にあるかと、僕らは本能的に探しているのかもしれない。「自分たち」の輪郭をつくる地域性が溶けるなか、居場所を見失っていくような不安を感じることもある。

柳宗悦は著書『南無阿弥陀仏』で以下のように述べている。

御仏イヅチ　汝レハ　イヅコ――「仏様は何処にいられるのでしょうか」と尋ねた。するとその僧は即座に「お前はどこにいるのか」と反問した。（中略）かく問う私の居場所は一体どこなのか、まずこれを省みずして、仏の居場所など、どれだけの意味が残ろう。（中略）はたと気づけば、自分の居場所以外に、仏の居場所など、あろうはずはあるまい。（中略）だから仏の居場所を知ろうとする者は、何より自らの居場所を見つめるべきである。

（柳宗悦『南無阿弥陀仏』より）

何処にあっても、いま、こうしてこう在るところが自分の居場所。確かな〝何か〟はないように思えても、そこに在る、それだけで既に結ばれていることに気づかされる。いま在るここは無数の縁のうえにあり、私という孤立した存在はない。

家系や村や地域を超えて、国境を渡る時にこそ、「私」をつくる数々の縁を知るかもしれない。世界とつながるツールは、より遠くへ、より速く、より容易なものへと加速している。これまで「その内」で耕されてきた地域性は、今までにない交流にひらかれている。

朝倉　**「商売には、売買の他にも《共作する》《応援する》《紹介する》など色々なパターンがあって、関わることで、ものやお金や関係性が動いたりする。僕らにとっての日常を、異なる暮らしをされている方が有り難がって、お金で対価を頂くこともあれば、ご縁をつないでいただくこともあります。そうしてたんなる売買だけではない縁がつながることで僕らが食べていけているという、事実がありますす」**

鞍田　「1920年代、《民藝》という言葉を生んだ柳宗悦らは都会に暮らした人たちです。彼らは地方へ赴き、ある意味では他所者（よそもの）の目で見て、手仕事を元ある文脈から切り離して街の暮らしに持ってきた。本来は茅葺の農家で使われていたものが、西洋化した生活スタイルのなかで使われたわけです。

都市において消費するアイテムとして生み出されている民藝も、地域の文脈にこだわり直そうという地方における民藝も、いずれにおいても〝自分たちの生活をつくり直す〟という点では同じなのかなと思います。地方への移住者が増えるなか、地方と都市が混ざりながら、今、新しい地域性が紡ぎ直されているのかもしれません」

プロセスがつくる世界

SDGsの前身には、2000年に国連によって採択されたMDGs（ミレニアム開発目標）というGOALがあった。貧困撲滅等の8つの目標が設定され、残された課題を引き継ぐ形で、2015年に17の目標と共にSDGsは設定された。GOALは「目標」と訳されているものの、「最終的に目指すところ」と捉えるのが相応しいだろうか。「持続可能な開発のための2030アジェンダ」の原文では、「Sustainable Development Goals and targets」という表現が多く使われている。狙いを定める目標はどちらかと言えば「target（ターゲット）」であって、「goal（ゴール）」は、〝向かうところ〟かもしれない。仏教に照らしてみれば、一人ひとりが執着を手放し、無我（悟り）の境地に至った安寧な世界がゴールといえるだろうか。とはいえ、僧侶の自分自身の今生（こんじょう）を思っても、生きて悟りに至れるようにはとても思えず、たとえ至る人生があったところで、ゴールを決めれば済むこの世ではなさそうだ。

鞍田　**「消費社会のあり方として、これまでは商品がゴールだったんじゃないかと思うんです。いかに効率良く生産し、いかに簡易に入手するかで経済が巡る仕組みにありました。そこで抜け落ちたものが、つくる過程や、使いながら育てる過程だったと思います。ゴールに向かう道の両脇にあるものが意味を持ち得たのに、なかなかそうではなくなって、気がつけばゴールだらけになってしまって。**

生活は、日々のプロセスの連鎖であって、どこにも行き着かない反復ですよね。プロセス以外の何ものでもありません。インターネットにつながればすぐに情報に辿り着き、街へ出れば必要なものは手に入る。四畳半ひと間から、一ヶ月のあいだ外に出なくとも生きてゆける暮らしの姿が、〝ゴールに向かう社会〟が辿り着いた生活だとしたら、ありがたいことではあるけれど、一瞬一瞬の実感や密度は薄まっているかもしれません。

民藝は、本来そこにあるプロセスを示唆してくれるというか、そこに向かう過程を含

めて、足を運んで感じてみようと、人を駆り立てる何かがあるんだろうと思います。SDGsも、ゴールに向かって取り組むプロセスの中に大事なことがあって、そこに意味を見出していくことが求められているような気がします。

柳は民藝について、〝作るのではなく生まれる〟と表現することがありました。それは、ものができ上がるまでの過程の話に留まらず、手に取られて使われていく時間の経過も含めて〝生まれていく〟んだろうと思います。〝生まれる〟という言葉には、共に生きていくような姿勢が託されているように感じますね」

受け継がれていくうちに、こなれて角が取れていくこともあるかもしれない。初めは強烈な〝誰か〟でも、時の経過のなかで、名もなき祖先と化していくこともある。ものも事象も、今ある姿をもっては判断できず、長い時間軸で受けとめていく先に、風化と共に〝然るべき〟へと育っていくこともあるだろう。

ゴールに向かうにあたっても、小刻みに目標設定をして達成度合いを管理したところで、それがどういうことなのか、今、判断することなどできるだろうか。見え方は切り取りようによって多様であって、切り取る意図も多様にある。

朝倉　**「健康性は、基準に当てはめて診断されるものではなくて、その人、その人の健康です。寿命の長さや病気があるかないかではないと思っています。民藝も〝これが民藝である〟と断定できるものではありません」**

人が定める正しさは、是非を伴い、時に排除や分断を生む。正しいゴールを設定することが、「誰も取り残さない」というSDGsの前提を取りこぼしかねないという、固定がはらむ危うさを自覚したい。

朝倉　**「ものごとのサイズはあまり気にしていません。軽やかに動けるようになるべくミニマムに生きていますが、動ける範囲や采配の取れる幅が広がれば、叶えられるビジョンは大きくなります。小さきものと大きなものは近しいものとして、循環の輪のなかにあるようにみています。長い時間軸のなかで回転している様子をみれば、地域も世界も、あまり差異がないのかもしれませんね」**

やわい屋の名の由来を聞けば、やわいとは、「支度をする／準備をする」という飛騨の土地の方言という。そうした準備のお手伝いができたらという想いから、その名を付けたそうだ。やわい屋は、どこかに到達するために向かうというより、絶えず準備をし続けている。「向かい続ける」道の途上で、向かう先に相応しくなっていくのだろう。

かなしみという器

鞍田　「柳宗悦の『南無阿弥陀仏』には、すべては《かなし》であるというくだりがあります。《美し》でさえ《かなし》と読んだ。悲しさとは悲しさで終わらずに、悲しさが悲しさと出会う時に温もりを覚えると語っています。柳は、民藝を見る時、湧いてくる《いとおしみ》にまなざしが向いていて、そこには通奏低音のように《かなしみ》が響いているというんですね。それは悲喜交々を孕んだ悲しみであったりして、現実の乗り越えようのない不完全さや、苦しさ、辛さを包み込むスタンスのように感じます。

人生でさえ勝ち負けと言われてしまう時代です。一回の負けですべてが語られるような物言いもされかねない、この社会の不健全さを包むような悲しさというのでしょうか。民藝をみるとは、人の生きざまを見るということ、そして、生活に根付いたところに眼差しが向けられているということを、私自身、掘り起こしながら実感をもって言語化していくことが求められているような気がしています」

ものに、何故そこまで見るのか――。民藝を外から見ていると、そんな素朴な疑問が湧いてきても自然だろう。けれど、繰り返し触れて、使って、日々を過ごすなかで感じ得るその背景にある「生きざま」に、時空を超えてつながり合う。それは、お寺でお経を読むことにも通じているかもしれない。

朝倉　「柳が生きたのは、社会が大きく変化した転換期でした。国は富国強兵を推し進めるなか、経済発展と近代化に向かう只中にあって、まさに、それまでの暮らしぶりに覆い被さるようにして、一気に西洋化が進んだ時代です。《衛生》の概念が取り入れられたことによって、従来の暮らしは〝不衛生で悪〟かのように扱われた。台所の土壁に穴を開けて光を取り込み、西洋化こそがみんなの望む暮らしなんだと、イデオロギーが強くはたらくなかで、柳はそれまで日常を支えてきたものや文化が生かされることなくしりぞけられることが、悲しかったんだろうと思います」

「悲」とは含みの多い言葉である。二相のこの世は悲しみに満ちる。そこを逃れることが出来ないのが命数である。だが悲しみを悲しむ心とは何なのであろうか。悲しさは共に悲しむ者がある時、ぬくもりを覚える。悲しむことは温めることである。悲しみを慰めるものはまた悲しみの情ではなかったか。悲しみは慈しみでありまた「愛しみ」である。悲しみを持たぬ慈愛があろうか。それ故慈悲ともいう。仰いで大悲ともいう。古語では「愛し」を「かなし」と読み、更に「美し」という文字をさえ「かなし」と読んだ。信仰は慈しみに充ちる観音菩薩を「悲母観音」と呼ぶではないか。それどころか「悲母阿弥陀仏」なる言葉さえある。基督教でもその信仰の深まった中世紀においては、マリアを呼ぶのに、"Lady of Sorrows"の言葉を用いた。

（柳宗悦『南無阿弥陀仏』より）

鞍田さんは更に、島根県雲南町にある木次(きすき)乳業の創業者 佐藤忠吉さんの言葉を引用して、奥深いまなざしを共有してくれた。木次乳業は、低温殺菌による牛乳（パスチャライズ牛乳）の生産を初めて行った乳業会社としても知られている。

「人生、みんな愛しいです。いかなることがあっても愛しい。思い出しても難儀なときのことがいちばん愛しい。中途半端にいい目にあったことは忘れてしまう。ついでに中途半端につらいこともみんな忘れてしまう。難儀を乗りこえ乗りこえ来ることが、いちばん生き甲斐でしょうが。ちがいますか。うまくいくこともあるし、うまくいかんときもある。失敗のない人生は失敗でございます。」

――佐藤忠吉

（森まゆみ『自主独立農民という仕事――佐藤忠吉と「木次乳業」をめぐる人々』より）

鞍田　忠吉さんの〝失敗のない人生は失敗でございます〟という視点に、柳がいう《悲しみ》に通じるものを感じます。忠吉さんは僕より50歳年上で、お会いした時はかなりのご高齢でいらっしゃいましたが、忠吉さんの名刺には《百姓》とのみ記されていました。〝ボクはワタシはというけれど、出会ったあなたが私です〟と、ご自身のことをおっしゃった。その時、ボクはボクはと、僕が連呼したせいかもしれません。ワタシの中に何かがあるわけじゃなく、その時々に出会う出会いが、すべてわたしの現れだというんですね。それを伺って、私はすっかり降参してしまいました」

私は、産業僧として、働く方々との対話を行っている。対話の音声をAI感情解析に掛けてみると、対話の後には「悲しみ」感情が増すことが往々にしてある。これは一見ネガティブな結果のようであるけれど、そうとは言い切れないようだ。哲学者のティモシー・モートンは、「悲しみは、あらゆる感情の器になる」という。世の中の注目が「幸福」から「ウェルビーイング」に移行したのは、良い変化だと思う。ウェルビーイングには、あらゆる感情が含まれていていい。「悲しみ」の感情を「ネガティブ」と切り捨てるのではなく、私たちの豊かな感情を育ててくれるものと知り得たら、人生観はだいぶ変わるだろう。

京都・法然院では、東日本大震災で亡くなられた方々を供養する「悲願会（ひがんえ）」という法要が開かれている。「悲願」という言葉がそこに当てられているのには、震災で亡くなられた方を前にして、何ができるわけでもないのだけれど、何かせざるを得ない「どうしようもなさ」にある悲しみの願いが込められていると、法然院の梶田真章住職はおっしゃる。SDGsには、「誰一人取り残さない（leave no one behind）」というコンセプトがある。同時に、どのようにも線を引き得るこの世にあっては、誰もが「取り残される一人（the one left behind）」になり得るどうしようもない現実がある。ここにあるのが、「誰一人取り残さない私たちでありたい」と願う、悲願だろうか。

鞍田　「そうしたどうしようもなさを、心の問題として追求することもできる一方で、ものが拠り所になることもあるんですね」

朝倉　「もの一つであれば、どんな生活習慣にも入っていける。何かを大きく変えるのは大変で、僕自身、両親の信仰によって生活スタイルが大きく変わるなか、整合性をうまく取れずに苦労した経験があります。身につけるような小さなものとか、習慣に入り込んでいるものとか、あってもなくても変わらないようなものに、ある日突然救われることがあります。

僕は弱いから、いくつもの保険に入るような気持ちでこうした暮らしをつくり、自分

自身の蓄えを増やしています。いつ何が起こるかわからない、いつか、何かや誰かに助けていただかなければならないと信じているようなところがあって、だから、人に対して自分に出来ることをさせていただく。《もの》に託す想いが、いつか救ってくれるかもしれない。なかなかこのことを話しても理解されることはないのですが、そうした思いでやっています。僕は必要だったけれど、必要なければ、保険に入る必要はないんです。

今、元気でも、永続する今はない。僕にとっての元気は《寛解》なんです。調子が悪い時に少し調子がいい状態が元気であって、基本、ずっと調子が悪い。たまにすごく調子のいい時はあるけれど、それはすぐに終わります。だから調子に乗らないようにしなければいけないし、悪い波の幅を少しずつ緩やかなものにしていけば、自ずと凪いでいるような状態が続いて、平穏がある。それで十分で、それができればありがたいと思っています」

念仏には、数多く唱えることを必要とする「多念」の信仰と、信心こそあるならば一度で十分とする「一念」の信仰とがある。そして、回数自体に囚われない、一であり多でもあり、どちらでもない一期一会の念仏がある。いずれの念仏も縁に変わりはない。日々の暮らしのなかで、意識せずともそこにある小さきものに、ある時不意に救われることがある。はたまた、救ってくれるからと使い始めたものが、意識しないほどに暮らしの一部になった頃、思いがけずに救われて、そのありがたみに気づき直すこともある。よき縁は、目的や意味を問う必要もなく結ばれて、暮らしに馴染み、習慣の一部になっている。

そんな世界観に漂う日本の仏教を、私は風土仏教と呼んでいる。坐禅を重ねる道があり、教えや戒律から学ぶ道があると同時に、豊かな風土が絶え間なく繰り返す呼吸のなかで、私たち一人ひとりの身体が無意識にも取り込み、歩んでいる道もあるだろう。思いがけない縁のはたらきを体験する時、無意識の呼吸がいかに尊いものであるかに気づかされる。深い呼吸の中でこそ、悲しみがつなぐ縁に支えられていることにも、また気づく。私たちはそうした縁を、生きている。

パズルは完成される必要があるだろうか？

自分が身をおく環境をありがたく受けとめて応じていく時に、見落としがちなことについて鞍田さんは最後に提示してくれた。

鞍田　「2012年に日本民藝館館長になられた深澤直人さんは、元々プロダクトデザイナーであって、その視点からデザインを次のように語られました。〃すべての美は周囲

の環境と調和の中にある。それはちょうどパズル全体と個々のピースの関係のようなものである。デザインとは、パズルの最後の1ピースを探し出す作業に他ならない。〃そして、民藝館館長を担うにあたって〃いま探さなければいけないのは、パズルそのもののあり方であり、そのために「民藝」は重要な参照軸となる。〃と語っています。彼が伝えたかったのは、パズルそのものが歪んではいないかと問う眼差しです。必要なピースをつくって応えようという時に、見落としがちな大切な視点だと思いますね」

歴史はそこで終わらないとはいえ、目の前のパズルに一生懸命になるなかで、いつしか視野が狭くなり、過ちを重ねてしまうことがある。選択をしないこと、ピースをはめないこと、パズルを完成させないことも、大切な道であることを覚えておきたい。

自身と自身の在処を確かめるように、自らの内と取り巻く環境を知ってゆく。足元の土地の歴史や文化風習といった地域性に降りてゆく人もいれば、世界を旅して足元を探る人もいるだろう。ローカルもグローバルも地続きで、線を引くのは都合に過ぎない。どのような道であっても、苦しみが苦しみのまま終わらずに、そこからじっくりと深まり育ってゆく豊かな思想や感性は、多様な縁を介して現れていく。正解に向かうことよりも、正解を手放す方が、然るべき見えないパズルが展開されていきそうだ。

朝倉　「何もないってことはないんだろうって。《何もない》ってことが、あるんだろうと。古民家を移築した時、屋根を抜いて建物の真ん中に《中空》をつくる構想は、大工さんに〝家が壊れる〟と怒られて終わりましたが、子どもの声や生活音や、今の時期（六月中旬）は蛙の声がけたたましく聞こえてきて、そういうことに、すごく生きているという実感があって、生かされていると感じます。そういう備えに、僕は安心できるんです」

裸電球に硝子の傘が被るほどの明るさに、人は居心地のよさを感じるのかもしれない。作家のことやものの背景を知らずとも、そして、民藝とは何かわからずとも、「こういうの、好きだな」とシンプルに思う。足を運んで、手にしてみたい。私もそう思うひとりである。

創造を共に生き、過程を見ながら引き受けては手渡していく毎日を、世界の誰もが繰り返している。

朝倉　「店はいつも薄暗いと言われます。店の外に持っていかないと、色がよくわからないんですね」

株式会社淡交社
代表取締役社長
伊住公一朗

変わりながらも、守り継ぐもの

――非日常を日常に

「淡交社は、元々、裏千家の会報を制作していた部門が独立して生まれました。出版を生業にして、2025年には75周年を迎えます。100年企業が珍しくない京都においては、まだまだ若い会社です。最近では、茶の湯に関するカルチャー教室の開催など、文化事業にも取り組むようになりました」

本書は、SDGsにつながる茶の湯の世界を掘り下げたいという、淡交社社員の方々の想いから生まれた。私自身は日頃から茶道を嗜む身ではないものの、茶の湯は仏教を発祥とする代表的な文化の一つでもあり、今回ありがたくもご縁を頂いた。淡交社の本社のある京都市北区は、私の暮らしている場所からもほど近く、ローカルなご縁に結ばれるのはとりわけ嬉しい。何より、「淡交社」という社名がとても素敵だ。〝淡い交わり〟――「淡さ」というのが、なんともいい。

伊住公一朗

（いずみ　こういちろう）

茶道裏千家淡交会理事、株式会社淡交社代表取締役社長。1986年、茶道裏千家15代家元、鵬雲斎千玄室の次男、故伊住政和の長男として生まれる。立命館大学文学部西洋史学専攻を卒業後、株式会社伊藤園に入社。ルートセールスや商品企画に携わる。現在、裏千家宗家として全国、また世界を歴訪し茶道の普及に努めている。2018年、臨済宗大徳寺派管長・高田明浦老師のもとで得度。碧流斎宗陽の斎号安名を拝受する。

「SNSを通じて見知らぬ人と交流することも多い反面、実際の人と人との交わりは希薄になって、些細なすれ違いから、分断や諍いが生じやすい時代です。かといって、関係性は濃ければいいというものでもありませんから、ちょうど良い淡さというのは、一番難しいところです」

「淡交社」の社名の由来は、「淡きこと水の如し」という『荘子』の言葉にあるそうだ。いずれにしても、「何にでもなれる」ということだろう。言い換えるなら、ちょうどいいところを探り続ける道にあるということ。仏教が示す中道（ちゅうどう）に通じている。右でも左でもない、極端を排した程よいところと言えば、答えを求める人にとっては歯切れが悪く、説くにおいては語るに易し。けれども、実践は大変に難しい。茶室は、人と人がひとときを共にする場所。その淡い交わりにおいて、どのような心構えが大切にされているのだろう。

「おもてなし」は心地よさ

「千利休の言葉には様々ありますが、数ある教えの根底では常に〝当たり前を実践しなさい〞ということを仰っています。例えば〝降らずとも傘の用意〞〝炭は湯の沸くように〞とは茶の湯教則である『利休七則』の教えの一部ですけれども、茶の湯を支える当

たり前の配慮や行為の大切さを伝えています。時間や空間の流れの中で、相手のことや周りの環境、そして自らへの心がけと手当てを重ねてはじめて成せるもてなしがあるということですね。」

私の祖父（裏千家十五代 鵬雲斎玄室大宗匠）は、今の日本人は「おもてなし」を履き違えていると常々申しております。本当のおもてなしとは、相手が喜ぶようにと至れり尽くせりすることではなく、自分が持ち合わせているもので、何ができるだろうかを考えて行うことが基本にある、というのです。へりくだってフルコースを提供することを良しとする傾向がありますけれども、しつらえひとつをとっても、本来の目的は相手の方が肩肘張らず、リラックスしていただけるようにすることです。最近は、《おもてなし》という言葉ばかりが先行しているようにも感じます。例えば、海外から来賓の方々をお迎えしたり、こちらから外国に赴いて茶の湯をご案内する時は、〝これが日本の文化なんだ〟と押し売りするような提示にならないように心掛けています」

もてなしている——そんな意図から離れたところに「おもてなし」はあるのだろう。政治学者の中島岳志さんは、「利他（りた）」をめぐる論考のなかで、贈り物を表す「Gift（ギフト）」の語源にはゲルマン語の「毒」という意味があることに触れ、その危うさについて語られている。

贈り物も、渡す人の利己的な意図が伴えば、ともすると相手に返済の義務を負わせ、支配することになりかねない。確かに、頂くものも過剰になると、申し訳なさや負担感から、距離を取りたくなるのも健全な感覚ではないか。その人が本当に何を望むかはわからないなか、相手を大切に思えばこそ、信頼し、その感受性と本人の選択にお任せしたい。そのための余白があって初めて、そこに生まれて巡る交流がある。仏教には「自利利他円満」という言葉があるが、自分と他者の利益が分かつことなく共に満ちている状態をいう。日常の主体を超えて共にある円満な安らぎを、茶の湯はもたらしてくれるのかもしれない。

「茶の湯を初めて体験される方には、未知なる体験のなかでもほっと安らぐように、その方の親しみのあるものを添える仕掛けをいたします。海外からのお客様であれば、ご出身の国にちなんだワンポイントを入れることが多いですね。訪問先でお菓子を薦められると嬉しいものですが、その方の食文化に馴染みのある食材を材料に使ったり、文化的背景にあるモチーフをお菓子自体に見立ててご用意したりもいたします。茶碗に、ティーボウルなど土地の器を用いることもよくあります。

《もてなす》とは心地よい状態をつくることですから、一方的に〝これが楽茶碗だ〟とお出ししても、初見の方であればなおのこと、その価値はなかなかわかるものではあり

ません。お茶の魅力は、異なるものを受け容れる文化です。一見、形式ばったティーセレモニーのようでも、そこにある懐の深い世界をさりげなく感じていただけたらと、そんな風に思っています」

「相手の方をわかろうとする」姿勢にあって、「相手がわからないものを出しても成立しない」という心構えは、よきコミュニケーションそのものだろう。相手のひらかれた心とまなざしに触れ、自然とこちらもひらかれていく。その媒介に、お茶があるという。存在が尊重され、歓迎されている安心感に、心身はひらかれる。

「〝花は野にあるように〟と利休七則にもありまして、茶の湯に添えるお花は、その地にそうあるように、基本的にはその土地で手に入るものを頂きます。親しみのある一輪から話が弾むこともあるものです。結果として、いらした方がほっこりと安心してそこに居られるおもてなしになりますから、理にかなっていますね。今では、世界各地に茶の湯を嗜まれる方がおられます。私自身も、海外に赴くと同じようなおもてなしで迎えていただきます。大変ありがたいことです」

変わりながらも、守り継ぐもの

茶室は、四畳半という空間でありながら、その背景はどこまでも広がっている。国境の引かれた世界の国々がSDGsという共通概念を共有することに、茶室の姿は重なるだろうか。利休がわび茶を大成してから約500年の歴史のなかで、人々の暮らしはだいぶ変わった。時間は巻き戻せるものではなく、古きを参照し学ぶことはできても、進歩を止めて過去に戻ることはできない。そうした時、私たちは何を守っていけばいいのだろう。形式だけに囚われても心は育たず、かといって精神を受け継ごうと、心を取り上げて扱うばかりでは身にならない。人はやはり、繰り返される日常のなかで「習慣」という心身伴う行為によって成るものだろう。世界中の生活様式が加速度的に変わりゆく時代にあるが、心豊かに生きてつないでいくために、私たちは今、どんな習慣を必要としているのだろう。

「長きにわたって紡がれてきた日本的な暮らしをすることそのものが、SDGsにつながるのだろうと。私たちは物質的な豊かさを得た反面、手放してきたものがたくさんあります。豊かな心をこそ、守っていきたいものです。時代にあわせてアップデートしながらも、守り続ける本質がお茶の世界にはあります。例えば、道具を大切にすることでしょうか。茶道具は、様々な作法を伴う茶の湯文化を構成する大切な要素です。現代作家

によるものから、数百年も前から人々によって守り継がれてきた道具までありますが、時を経るなかで生じる欠けや罅には、金継ぎを施します。また、茶室の材料に古い木材が使われ、茶道具に茶室の古材が使われる。古きを尊び、過去の痕跡を慈しみながら、繕い、使い続ける行為のなかに新たな美を見出していく――そうした《循環》のなかで後世へと継がれていく文化は凄いと思います。こうした世界観を、現代の人にもぜひ知っていただきたいですね。利休は、身近なものでお茶ができることを世に知らしめましたが、それは、地産地消を薦めることでもあり、足元の土地にあるものの価値を高められた人でした。私は彼にとても現代的な感覚を感じますし、利休は、当時の価値観を打ち破られたお方だったと思います」

足元の土地にあるものを大切にするとは、由来と共に継いでいくということでもあるだろう。世界には仏教の教えを説く書物は無数にあって、土地や時代を渡りながら、多様な言語と解釈をもって記されてきた。何時、何処の何者が綴っていても、その由来を辿ればブッダの口伝、もしくは、自らと人々の救済の道をゆく菩薩の教えに行き着くだろうか。それとて、更なる由来を尋ねれば、仏教の枠を超えてゆく。詠み人知らずの和歌の美しさを、古き書物は区別することなく束ねたように、人々の心身に尊く響くものならば、作者を問わず後世に継がれていくだろう。昨今、地産地消のニーズに応じて、そのルーツを確かにするため、生産者の氏名や写真が商品に添えられていることも多い。有り難い情報に変わりないが、大事なのは情報ではなく、時を重ねて初めて存在し得る恵みを頂いて生かされている、その感覚を味わうことなのかもしれない。野生に自生する樹木の果実に、かなうものはない。

身近な切り口から、非日常を日常に。

「子どもが生まれてから、いかに子どもにバトンを渡すかということを考えるようになりました。私の場合、お茶を通してしか伝えられることがありませんけれど、まだまだ《非日常》にあるお茶の文化を、少しでも《日常》のものにするために出来ることに取り組みたいと思っています。茶の湯の文化に入る切り口は、多様にあるんです。お菓子が好き、花の生け方を学びたい、着物を着たい、お点前をマスターしたいなど、お茶に関心をもたれる方には、人それぞれの動機があります。多様な動機から体験いただいて、いかに茶の湯をご自身の日常へと持ち帰っていただけるかを考えています。毎朝お茶を一服点てて欲しいということではなくて、お茶に含まれている要素を日常に取り入れていただけたらという思いです」

伊住社長はその実践の一つとして、子どもたちにお茶に親しんでもらう活動を始められたそうだ。

「子どもの同級生らを集めて、茶の湯を体験してもらえる会を開きました。子どもたちが楽しみながら体験できるような、様々な仕掛けを考えまして。例えば、外玄関からお茶室へ向かう露地は、先が見えないようカーブを描くなどして設計されるのが基本ですが、それを迷路に見立てて段ボールで《露地迷路》を設置しました。すると子どもたちは、ワーワーキャーキャー言いながら、茶室へ通ずる露地をゆくわけです。茶室には、床飾りなどあえて一切のしつらえをせずに、〝何もないとどう感じる？〟と問うところから始まります。〝寂しい感じ〟と子どもたちは自らの感覚に気づき、自発的な発想で、校庭などから花を摘んできて茶室に添える行為へと辿ります。ワクワク感のなか、〝日常に近いところでこんなことができるよ〟と伝えられたら嬉しいですね。空間やもの、自身のあり方、そしてその交流の仕方に関心をもってもらえたら、日常の中でできることはたくさんあります」

この取り組みがきっかけで、他の幼稚園からも要望があり、子どもたちへの試みは今も続いているそうだ。文化事業の一環として、様々なお茶会ほか催しをされている伊住社長が常に意識されていることが「イベントを開催して人が集まっても、それが非日常に留まっていては日常に結びつかない」ということだ。「特別なものではなく、身近にあるものを」「非日常ではなく、日常を」と繰り返す。仏教も、すべての学びの前提に、日常の習慣の大切さを説いている。

仏教の学びの基本は「戒定慧（かいじょうえ）」の三学と言われる。

・戒：戒律。生活を整え良き習慣を身につけること
・定：集中力。心を制御して平静を保つこと
・慧：智慧。究極的にさとりであり、自己と世界を正しく見ること

戒（習慣）をもって根を張り、定（平静さ）をもって幹を育て、慧（智慧）をもって実らせる。寛容さを特徴とする日本仏教には、厳しい出家仏教的な「戒」は十分に根付かなかったとも言われるが、それでもやはり、習慣は大切にされてきた。仏教が示す八の正しい道「八正道（はっしょうどう）」のうち「正語（しょうご）」「正業（しょうごう）」「正命（しょうみょう）」も、いかに日頃の習慣として保たれているかが問われる。正しい言葉と行い、生活という習慣があってこそ、必要な集中がもたらされ、正しく物事をみて、気づき、考える智慧が生まれるということだ。

仏教が2500年を通して繰り返しそれを説くのは、その実践が難しいからにほかならない。人は即効性を求め、わかりやすい劇的な変化を望むものだ。2500年前から人々がそうあるならば、現代においては殊更であることを自覚したい。地道で人知れず成す日常習慣は、置き去りにされやすい。けれど、「お天道さまがみている」というように、そうした日常習慣にこそ、我がごとにしていくプロセスがある。

「お茶は、元は僧侶が僧堂で行っていた日常のことでした。後に、豪華絢爛な茶の湯文化へと発展します。そうした物質的な豊かさを求める時代背景があって、利休は《わび・さび》の概念を唱えたわけです。利休によって《わび・さび》を尊ぶ日本文化が醸成された後、資本主義の到来と戦後高度経済成長のなか、豊かさの概念は再び物質的なものへと転換した。こうした時代の遍歴を経て、現在、多くのお茶人さんがあらためて《わび・さび》を尊ぶわび茶の実践をされています。時代時代で、そうした価値観の転換が繰り返されてきたのですよね」

釜一つあれば

「利休が詠んだ道歌『利休百首』の一つに〝釜一つあれば茶の湯はなるものを 数の道具

をもつは愚な〟というものがあります。お茶というのは、究極的には釜一つあればできるものです。お茶は心豊かにあることで、そこに物を求める必要がないということですね。心豊かでなければ、世界的な事象に目を向けることはできませんし、自分ごとにすることも難しいかもしれません」

多くのものを抱え込まずに、釜一つあればできるという余裕は、空のコップであれば何でも入るということでもあるだろう。空っぽであることを嘆き喘ぐことはなく、ひらかれていれば、いかようにもなれる。

「何でも手に入る環境で、私たちは満足を知らない故に欲しがりますが、心のゆとりがあれば《知足安分(ちそくあんぶん)》（＝足るを知る）**に居られます。利休の生きた時代は、戦乱の絶えない時代でした。明日の我**

が身はどうなるかわからない殺伐とした日々は、大名たちにとっても、危機迫る《非日常》の連続であったと思います。そんななか、お茶は心を鎮め、本来の自分をひらいて《日常》に戻ることのできる時間だったのではないかと」

終わりなき世界を一盌から

「一碗のお茶を頂く時、武士といえども刀を腰から外し、頭を低くして茶室に入る——そうした心得をもって、お互いをもてなすのが茶の湯の文化です。紅茶であれ珈琲であれ、立場に依らず器を交わして、誰もが尊重される場を共にする営みは、世界共通の平和的な姿だろうと思います」

利休は、戦乱の時代にこそ、戦のない慎ましくも豊かな世界をと、生涯をかけて一碗のお茶をもって当時の社会に問いかけた。自身の内なる心から、手に取るもの、身にまとうもの、取り巻く環境そのものが、動じず清らかにあるように、そこにあらわれる一期一会(いちごいちえ)が、互いを和らげ敬いあう縁であるようにと、「和敬清寂(わけいせいじゃく)」をお茶の心得とした。社会的身分や立場のみならず、亭主と客という主体をも超えた一期一会を重んじるありようを「一座建立(いちざこんりゅう)」と表現し、伊住社長の祖父であり、裏千家十五代家元であった千玄室さんは、その心について次のように語られている。

利休は織豊時代に、織田信長、秀吉といえども大名といえども、皆丸腰で武器は持たずに畳の上に正座させた。そしてたった一盌（いちわん）のお茶だけれども、自分よりも位の低い人であろうがどんな人であろうが、座ったら一緒なんです。区別、差別のないその一座なんだ。（中略）このごろ簡単に一期一会という言葉を使ってますけどね、本当は一期一会っていうのは死に物狂いなんですよ。その方に今日お茶を差し上げたら死んでもええ、その方のお茶を頂いたら今日死んでもええ、そういう客と主の出会い。賓と主の出会い、賓主互換（ひんしゅごかん）というんです*

（*『一盌からピースフルネスを』監修：千玄室　責任編集：澤田美恵子 平成19年8月31日発行）

千玄室さんは、戦後、日本の茶の湯文化を国際的に普及するため、世界各地を行脚されてこられた方だ。その背景には、特攻隊の隊員でもあった若き日の戦争体験がある。戦乱の時代を生きた利休の没後も、日本は度重なる争いや混乱を経験してきた。時代に応じて現れ方は異なれど、傷みや苦悩を伴う終わりのなき人々の道にあってこそ、いかなる時も、究極的には平和を望む、茶の湯文化が継承されてきたという。茶の湯が持つ「もてなし」や「一座建立」などの精神は、世界平和の実現につながると、諍いの絶えない世界を前に、「今こそ

〝一盌からピースフルネスを〟」と唱える。

和する、和というのは平和の和であります。しかし単なる平和の和ではありません。peace and harmony 調和がとれなければ平和ではないんです。片一方だけの平和というのはないんです。やはり両方があってこそ初めての平和なんです。（中略）「いたわりですよ、いたわり合う。どんな方同士でも。（中略）「いかがですか」「お先」、どんな身分の者同士でもそこに勧めあう。勧め合ってこそ初めて同胞なんですよ。一緒なんですよ。皆一緒なんだ。一緒の座に座って一緒のものを食べて一緒の物を頂く。勧めあって分け合っていく*（*同上）

隣の人に勧め合う。礼をする。そうして生まれる「もったいないな」「ありがたいな」という謙虚な気持ちから、お茶を頂く時には器の正面をよける。そうした心あるシンプルな行為の連なりに、豊かな心が育まれ、境界はほどかれていくのだろう。私たちひとりひとりがそうした心にあって日々を生き、その手、その口、その身体から表れる言葉や行動が「私たちの日常」に染みわたる時、縁は自ずと、共に平和にある「調和の和」となるだろう。

平和という思想を掲げるのは容易なことだ。歴史を振り返れば、どんな不毛な戦いさえも、

「平和のための戦いである」と時代や立場に依った正義が大きな声と力を持ってきた。支援や援助という利他的な行為さえ、相手の「和」を欠いていることは往々にしてある。「調和の和」とは、意思や意図が強いほど、そこから遠のいてしまうのかもしれない。ハーモニーを奏でよう！　と必死になれば、一致団結した偏りに向かう一方で、のびやかな多層的な音色は響かない。〝調和〟と名付けられた不調和は、いずれ疲弊し限界を迎えるだろう。主体を超えた心地よさが訪れるのは、野に咲く花のように、自ずから然る状態へと運ばれているさなかのこと。「自利利他円満」も、そうしてやってくる。

自ずから然る道とは、始まりは意図的であれ、日々の繰り返しを経て、身体に染み入り、意識せずとも果たされていく、そう成っていく終わりのないプロセスである。特別な非日常体験から、経験を重ねるうちに「我がごと」の「日常」になっていく。これは、茶の湯の作法や心得の話でありながら、日常のあらゆる営みについて同じことが言える。炊事も掃除も畑仕事も、衣食住のすべてが仏教においては修行とされる。

「当たり前の積み重ねが平和なんです。それが一番、難しい。いつの時代も、常に世界は平和を目指してきました。それでも平和は実現されません。それでも、自分の日常で当たり前を重ねていく。《当たり前》ってなんだという話にもなりますが、問いながら重

ねていくということだろうと思います」

茶道裏千家の宗家の家系に生まれるという尊い縁を、伊住社長は受け取っている。はたして茶の湯はどのように未来へ継がれていくか、ゴールも正解もないなかで、今ある縁のうえに、日々の一碗を重ねておられる。どれだけ掃いても落ち葉はきりがなく、どれだけ拭き上げても埃は常に舞うように、掃除に達成はなく、終わりがない。永遠に終わりがないなら、やらなくて良いかと言えば、そういうことではない。ひと掃き、ひと拭きする度に、その時々の日常にハレがある、それでいい。ハレが持続することはなく、持続を求める必要はない。いつ何処にあっても、今ひと掃きを重ねる度に、日常にありながら、そのハレに満ちている。

「いつお客様がいらしても迎え入れることができるように、常に清め整えていることが茶の湯の基本にあって、それは茶室においても、自分の心においても同様です。僧堂で行われる作務（さむ）ですね。終わりなき営みです。利休は完璧を求めず、完璧にならない姿が自然であるという感性で、完全に掃き清められた庭に、あえて落ち葉を数枚残したという逸話もあります」

伊住社長の祖父、千玄室さんの声が響く。

「いたわりですよ、いたわり合う。どんな方同士でも」

「少し先が見えてきたら、アフガンへでもどこでも出かけて、茶の湯を共にしながら静かに皆が語り合える場を是非作りたいと思っています。茶の湯は「妙味」というものを引っぱり出せるんです。人間誰もがかぶっているベールを脱ぎ捨てさせる──それが「妙味」。そういう場を作れたら、それが私の死に場所かな」*

(*文藝春秋「週刊文春」誌(平成13年12月20日号)、新潮社「週刊新潮」誌(平成14年1月3日・10日合併号)より)

それぞれの〝一拭き、一掃き〟、それぞれの〝一盌〟を、続けよう。

第2章

仏教とみる、私たちのウェルビーイング

1 人間とは何か interbeing（インタービーイング）

「世の中が不安定になると〝親鸞〟が売れる」とは、出版業界の知人の話だ。彼の肌感覚では、先行きが見えない混迷の時、親鸞の関連書籍がよく売れるという。これまでも、波打つように繰り返し人々に参照されてきた親鸞の軌跡や口伝を綴った『歎異抄（たんにしょう）』が、今、じわじわと売れているそうだ。

人は、人生の不安やわからなさに深く突き動かされて、生きる意味や、「人間とはなんだろうか」という問いを抱く。2500年前から仏教はこの問いを扱ってきたけれど、存在論の歴史を辿れば古代ギリシアまで遡る。理論が体系化される以前より、明確な答えを持たぬまま、おそらく人は本能的にこの問いを繰り返してきたのだろう。そして、大抵の場合、その問いが生まれる元にはなんらかの〝苦しみ〟が寄り添っている。人は自然の一部に他ならないが、そうしてどこまでも問い続けるという点においては、圧倒的に他の生命と異なっている。それは言い換えれば、いつの時代も、人は気づき、目覚めていく道にある、ということではないか。

私たち一人ひとりの意識や感情、体感は、お互いに影響し合い、蔓延して広がると、それを社会がまとうようになる。そのベクトルは一つではなく、社会から個人にもまた、影響していく。いずれにしても、今、多くの人が不安や迷いのなかで、自分自身と世界のあり方を問うている。地球規模の課題と呼ばれる諸問題の数々は、地球規模で、「人間とは何か」「どうあろうか」と問い直しをしているあらわれなのかもしれない。その結果、多くの人々を『歎異抄』に向かわせているとするならば、そこに綴られているなかに、地球規模の課題の扉をひらくヒントがありそうだ。

親鸞が問い続けた「悪人」とは

『歎異抄』では「悪人」という言葉が主要テーマの一つとなっている。他にも、「凡夫（ぼんぷ）」「愚者（ぐしゃ）」といった表現を多用している。少々強烈に響くかもしれないが、ここでいう「悪人」とは何を意味しているのだろう。親鸞は、人間一般を分析してそう結論づけているわけではなく、どこまでも自己を問い続け、どこまでも、自らの内から湧いては帯びる悪人性に気づいていった。彼にとって「**人間とは何か**」**とは**「**私とは何か**」という問いに等しく、その答えが「悪人である」というものだった。

時代の転換期、変化を迎えて生じる混迷のプロセスのなか、個人も社会も、それぞれの内なる闇は相互作用的にあらわになって、私たちはそれと向き合わざるを得なくなる。そこで手がかりになる一つの参照先に、「私と悪」を生涯見つめ続けた親鸞という先人の言葉があるということだろう。

＊

仏教とは、ゴータマ・ブッダ（釈尊）が説いた「教え」であると同時に「道」であり、仏道とはブッダになる道を指す。ブッダの教えを自ら歩む道として、いずれ、ブッダになっていく道が仏道とされている。その道の解釈は、様々ある。出家をし、修行を積んだ人間のみがブッダになる道に通ずると解釈する仏道（上座部仏教）もあれば、日本においては、あらゆる人に仏道はひらかれているとする大乗仏教が花開いた。それは、布教の力もありながら、豊かな水と森に恵まれた**日本の風土が、大乗仏教が花開くにふさわしい土壌であった**ということでもあるだろう。

豊かな循環のなかで共存し得る自然環境の恩恵を頂いて、人の暮らしが成り立ってきた日本の土地には、古くから八百万の神々を祀る文化風習や、土着の自然信仰によって耕されてきた土壌がある。そうした風土にとって万物に仏性をみるのは自然であって、万人にひらかれた仏道が根を張り、育まれるのに適していたと言えるだろう。

ブッダとは、〝目覚めた人〟という意味を含む。何に目覚めているかというと、〝ありのまま〟に目が開かれているということだ。いかなる評価や判断からも離れ、あるがままをみることができる、ということになるだろうか。瞬間瞬間、数多の判断をしながら生きる私たちにとって、〝ありのまま〟をありのままにみることは何より難しいことかもしれない。「ああしたい」「こうあってほしい」と、**望みや願いが次第に何かを掴みたい気持ちに変わっていく**。それを〝執着〟というのだろうか。執着は次々と浮かんでくるけれど、思うようにはなかなかいかない。そうした思いと現実の狭間に〝苦しみ〟は生じる。何かを掴めたと思えても、それは束の間のことに過ぎなかったり、掴んでいるつもりなだけで、実は何も掴めていないことに後から気づいたりするものだ。手にして掴もうとしている以上、その満たされない苦しみに、終わりはない。

その現実を前にして、親鸞は挫折し途方に暮れながら、絶望では終わらないことを自らの身をもって示した人でもあった。

仏教は、苦しみから解かれるためには「執着から離れよ」と説き、「目覚めた」ブッダは、あらゆる執着から離れている存在とされている。人生の体験を通して、気づきを重ねながらそこに向かっていく。それがいかようにあっても、すべてはブッダになっていく尊い「仏道」ということだ。

内なる悪人性を照らして、ひらかれる道

親鸞は鎌倉時代、比叡山に上がり厳しい修行を積むなかで、掃いても掃いても積もり続ける塵のごとく湧いてくる自らの執着のありように、「自分は到底ブッダになどなれそうにない」と思われた。仏道に身を置きながら、歩もうと思えば思うほど、「I want to become Buddha」の望みは「I cannot become Buddha」の実感を伴って、そうならざるを得ない現実に気づいていった。そうした自らのどうしようもなさを「悪人」という言葉であらわし、その悪人性と向き合っていくことになる。

執着とは英語で、しっかりとくっ付くニュアンスを含む“attachment”、執着から離れることは、その対義語の“detachment”が当てられる。“attachment”には、善悪や優劣の判断をして、ラベルを貼っていくような行為でもある。言語があってこそ、私たちは思考し、必要な

判断をして身を守り、社会を形成して生きていられる一方で、言語は常に世界にラベルを貼りながら〝分別〟していくことであり、そこには、**私たちの意識を二元論の世界に引っ張り込む力学がはたらいている。**そうした分別は、善か悪か、損か得かという判断をめぐる迷いや分断の苦しみにつながっていく。

親鸞は、自らを内省し、内なる悪人性を照らしていくなか、法然聖人の説く浄土教に出会う。いかなる悪人であってもなお、その歩みはブッダになる道に通じているという浄土教の教えこそ、〝我が身〟にひらかれている仏道であると、法然の教えに導かれた。浄土教は、悪人にひらかれてこそもたらされる〈安心(あんじん)〉のなか、迎える〈信〉を大切にする。浄土教における〈信〉とは、「疑いなき心」。必ずブッダになっていくという約束のうちに、安心をまっとうしていく生を説く。

ここに、現代社会の私たちが参照すべきテーマがあるだろう。**内なる悪人性に気づき、自覚しながら受け入れていく――その姿勢を、今、あらためて学びたい。**

interbeingへの気づきからはじまる変化

私たちが生きるにあっては、分別は欠かせない。分析的な分別と思考をもって、今日まで発展してきた文明があり、その歴史と成果の恩恵を頂いて、ありがたい今を享受している。そうした現実にありながら、**同じ発想にあっては行き詰まる現実がある**ことにもまた、気が付いている。本来、絶えずダイナミックに変化していく連続した世界の一瞬を切り取って、分別を行い、判断を下すことはいかようにもできるだろう。けれど、はたしてそれは何処まで実態を捉えているかといえば、信じる限りは機能する、幻想のようなものかもしれない。

人も物事も、個別性を持ちながら、その存在は関わり合いの上に成り立っている。どんなに上手に切り取ってみても、地があって柄が存在し得るように、スナップショットからは、その実態は到底捉え切れないだろう。ベトナムの大乗仏教の高僧ティク・ナット・ハン師は、人間を〝interbeing〟、言い換えれば〝関係的存在〟と表現したが、存在とは、そうした縁によって立ち現れるとみる世界観が、仏教の根底にある。

SDGsという共通テーマを掲げて世界がそれに向かう今、800年前に生きた親鸞の声が参照されている。世界が、未来にゴールを共有する時、そこにコミットすることの不確かさに、不安や迷いが生じるのは自然なことだろう。私たち一人ひとり、この世は留まることがない。諸行無常は世の常であるものの、一層の混迷の時を迎えて「**人間とは何か**」を問うている。それは、死生観や世界観が変容していくきっかけとなる大切な問いであり、これまでの凝り固まった価値観や社会構造に揺さぶりをかけ、気づきと変化をもたらす扉でもあるだろう。

仏道においても、執着かそうではないか（attachment or detachment）と、二択の回答を求めること自体、二元論に陥っていることに気がついて、必要な分別をしながらも、しなやかに自他に問いながら、展開していく縁を歓迎したい。

2 縁（Responsibility と Potential）縁起（えんぎ）

仏教では修行仲間のコミュニティを「サンガ」と呼び、修行を進めていく上で最も重要なものの一つとして位置づけられてきた。チームの重要性は、いにしえの仏教修行者であれ、現代のビジネスピープルであれ、古今東西、共通だ。

人が共に活動する時、そのサイズ感は個人の関わりから地球規模まで様々だが、時に、大小多様なルールや説明責任を伴う。それに応えられない場合には、ペナルティが課されることはよくあることだ。共通の目的に向かって協力するには、しかるべきコミットメントやルールが必要だろう。しかし、行き過ぎれば縛り合い、時に無自覚なままに、苦しみを生むことになる。

それを避ける鍵が、「責任」をめぐる私たちの意識の持ち方にあるように思う。

応答する力(Responsibility)

責任という概念を考えるとき、『責任の生成』（國分功一郎・熊谷晋一郎著、新曜社）の議論は、とても示唆深い。北海道浦河町にある福祉施設『べてるの家』での実例をもとに、責任をめぐるこんな捉え方が紹介されている。

例えば、Aさんが、何らかの原因で「つい、放火してしまう」という性質を持っているとする。もちろん放火は、法律においても社会的にもゆるされるものではない。だから通常は、ゴミ捨て場に火をつけてしまったAさんに対して「君は何をやっているんだ！　責任を取りなさい！」と責められる。しかし、べてるの家では、いきなり責めるのではなく、Aさんをいったん「免責」するところから始める。放火してしまったAさんに対して、周囲は「あ、またAさんの身に、放火現象が起こったんだね」と受け止めて、Aさん個人を責めることなく、「じゃあ、なぜAさんの身に放火現象が起こったのか、Aさんも交えて、みんなで話し合ってみよう」というプロセスに進む。いったん免責されたAさんは安心して対話に参加し、話し合っているうちに「ああ、そういうことだったのか！」と自らの**身の上に起こった現象をしっかり理解した時、自然と起きたことを自ら受け入れることができ「ごめんなさい」という言葉が出てくる**のだという。

このことは、自分の身を振り返ってみても、よくわかる。「何てことをしてくれたんだ！」と誰かから責められた時、反射的に「ごめんなさい」が出る。しかし、それはとりあえずの反応であって、なぜ自分がそれをしてしまったのかを理解していない。それゆえ、結局同じことを繰り返してしまったりする。出来事を受けとめて謝罪しているというより、責められるなか、起きている事象に応答する力（Response + Ability = Responsibility = 責任）を失って、防衛のために現れた咄嗟の振る舞いの「ごめんなさい」でもあるだろう。

この問題は、社会のあらゆる場面でよく見られるように思う。何かが起こった時、その要因を誰かや何かに責任を背負わすことは、問題を前にざわめく心を収めるためには効果的で、個人としても集団としても、問題をそのように処理することはよくあることだ。しかし、それでは起きた事象の解決にはなっていない。都合よく処理はされても、また、どこか別のところで、別の事象となって現れる。そうした「**自己責任論**」**が蔓延する社会は、社会としての応答する力**（**Response Ability**）**を痩せ細らせる構造を自らつくってはいないだろうか**。それは、現実を受けとめる力を失っていくことにもなりかねない。皆が「責任」を押し付けられる恐怖の中で、応答する力は奪われ、人は萎縮して、よいプレーができなくなっていく。それは、「今、ここ」から離れ、過去や未来、そして周囲の視線に囚われている状態に近い。責任を追及し合うほど、社会は不安を帯びて、苦しみを抱え込む。

余白をのこす

私は日頃から、企業で働く人と対話の時間を持つ機会が多い。「産業医」ならぬ「産業僧」として、組織の人事に関わる取り組みでもあるが、企業にとって、働く人が僧侶との対話の時間を持つことはどういうことか、その意味を繰り返し問うている。

僧侶は多くの場合、住職として寺にあり、地域の人や檀家の方々と顔見知りの関係にある。かつては、戸籍を管理するお役目を全国の寺院が担っていたこともあり、住職は誰よりも、各家庭の事情から役場の都合まで把握しているといったことも、地域によっては、今なおその名残があるだろう。

そうした、地縁や血縁でつながる顔見知りの信頼関係とは異なる縁も、僧侶は担っている。特別な法要や、祈祷のような祀りごと、旅先の寺院訪問や修行体験など、日常から離れた時空間で、ストレンジャー（見知らぬ他者）として僧侶と出会う機会もまた、異なるアプローチでの縁をもたらすだろう。

利害関係のないストレンジャーとしての縁にこそ生まれる「免責」という余白がある。「立場の上ではそれを言うわけにはいかない」「ここにいる以上は」といった役割を担っていれば、なんらかの制限やしがらみを背負うだろう。そうした構造から降りる時間、つまり、免責される世界が、人が共に生きていくうえで必要なのではないか。それは、**縁がつながる余白**であって、**それを続ける余白**であって、**共に歩むために必要な余白**だろう。

産業僧の対話において、事業として企業に入れば少なからず利害関係が生じるのは否めない。一人ひとりとの対話にあたっては、少しでもそこから離れるためにも、私はできるだけ、あえて対話相手の情報を入れないようにしている。概念上での責任を過剰に追及する現代社会は、より現実をしっかりと受けとめるためにも「責任」をいったん神仏に預け、応える力を育み養う余白こそ、必要なのかもしれない。

私の知らない可能性(Potential)

「Potential（ポテンシャル）」を辞書で引けば、概ね「名詞：可能性、見込み、恐れ、（天性の）才能、素質、（潜在的な）力」「形容詞：〈比較なし〉可能性を秘めた、見込みのある、恐れのある」といった意味が明示されている。いずれもそれ自体はニュートラルで、文脈によってポジティブなものにもネガティブにもなり得る。形容詞にあって〈比較なし〉というのは示唆深く、つまりは「ポテンシャルは他と比べられるものではない」ということだ。

私たちに備わるポテンシャルが「いつか花開く」とするならば、「いつか」はいつやってくるのだろうか。

ネットワークサイエンスでは、「弱いつながりの強さ」という考え方がある。弱いつながりがたくさんあると、遠くにある幅広い情報に効率的にアクセスできるというのだ。新しい仕事の縁は「ちょっとした知り合い」の間から生まれやすいという事実は、まさに私自身も感じるところでもある。イノベーションが起こる時も、知の創造の起点となる既存の知の出会いを呼び込む「弱いつながり」が、決定的に重要とされている。ただし、その先に実践に落とし込むには知を深める「強いつながり」が必要で、三者が相関にある三角形が多く生じている状態が、「健やかな強いつながり」なのだそうだ。

また、自己分析の手法として有名な「ジョハリの窓」は、周囲とのコミュニケーションや自己開示の状況を軸に、自己を以下の4つに分類している。

1　自分も他人も知っている自己
2　自分は知っているけど他人は知らない自己
3　自分は知らないけど他人は知っている自己
4　自分も他人も知らない自己

シャーマンともなれば、「4　自分も他人も知らない自己」に直接アクセスすることもできるのかもしれないが、2や3の拡大は、4の領域を拡大させるという。「自分も他人も知らない自己」は、もはや領域として線を引けない、果てなきポテンシャルそのものだろう。

他力のはたらくところ

ResponsibilityとPotentialに共通するのは、どちらも私がコントロールできるものではなく、意識化できない**縁の中に委ねられている**ということだ。ポテンシャルを高めようと力むほど、強いつながりを求めたり、認知している自己に固執して、その制限の中でポテンシャルは萎んでしまう。

ポテンシャルが開花するために大事なことは、コントロール不可能な「弱いつながり」を大切にして、「**自分も他人も知らない自己**」**の存在を受け入れる**こと。それは、**わからないものを、わからないままに受け入れる**、言い換えれば、勇気をもって分からないことへの恐れを手放し、そこに安住するということだ。自分で手に取るものを詰め込んで器を一杯に満たすのではなく、手放してスペースを空けておく。すると、よきタイミングで、思いがけないはたらきがやってくる。それは想定の範囲を超えてくるので戸惑うこともあるかもしれないが、しばらくすると「それでいいんだ」と腑に落ちるのが、また不思議だ。これは、浄土仏教で言う「他力（たりき）」にも通じるものだと思う。

3 徹頭徹尾、孤独にあって
独生独死(どくしょうどくし) 独去独来(どっこどくらい)

いつの時代も、〝孤独〟は普遍のテーマとして私たちのなかにある。友人で『世界一孤独な日本のオジサン』の著者・岡本純子氏は、日本の中年男性の多くが人知れず孤独を抱える背景に、仕事に人生の多くを捧げるあまり、仕事や会社が「唯一の依存先」となってきた現状をみている。あながち他人ごとではなく、〝世界一孤独な日本のオジサン〟になり得る一人として、私も仏教からできることを探っている。思いもよらぬ事態が起きても、崩壊せずにいられるバランスのうえにあれるといい。

孤独にあって

そもそも、仏教は〝孤独〟をどのようにみているのだろうか。仏教の経典には「独生独死独去独来」という言葉がある。まさしく人は徹頭徹尾〝独り〟であって、どんなに願っても、誰かの代わりになることも、誰かと一体になることもできない。たとえ人生の最後に大勢の家族や友人に温かく看取られたとしても、旅立つのは、自分だけなのだ。

しかし、そんな〝ただ独りである〟ことを深く知ってこそ、つながる縁があるものだ。**苦しみはむしろ、独りであることよりも、自らの存在を世界から切り離していくような〝閉じた〟状態に生じる。本当の独りを受け入れるには、〝開かれている〟ことこそが必要**とブッダは言う。

仏教とは、私たちが「目覚めた人（ブッダ）」になるのを導いていく教えだ。「目覚める」とは、一切の執着から離れた状態のことだが、迷い深い凡夫（ぼんぷ）の私たちは一切の執着から離れることなど到底できない。何かや誰かを大切に思うにもグラデーションがあるように、家族や師弟といった特別な関係性に、少なからず執着しながら、人は何かしらの「物語」を生きている。そんな私たちがウェルビーイングに生きるひとつの解が、熊谷晋一郎医師の言う「**自立とはたくさんの依存先をもつこと**」かもしれない。何らかの執着を伴いながらも、複数の依存先、言い換えれば、多様な居場所があるということだ。

たくさんの依存のうえに

熊谷晋一郎先生は、『べてるの家(*)』の「当事者研究」に着目し、2008年より、東京大学先端科学技術研究センターで専門に研究されている。

＊北海道浦河町にある『べてるの家』は、1982年の設立以来、統合失調症など精神的な障害を抱えた人たちとサポートスタッフが生活を共にしながら、その活動を社会にひらき、発信を続けている。ここでの暮らしは、一人ひとりが「当事者」として、自身についてよく知ることから始まる。生きていくうえでの不都合や苦悩に対する、本人主体のこうしたアプローチは「当事者研究」と呼ばれ、現在も研究は続けられている。

当事者研究の源流には、主に二つの活動があるという。一つは「当事者運動」と呼ばれ、障害を医療で〝治すべき〟と捉える「医療モデル」から、障害と社会との間に生じるズレを解消していこうという「社会モデル」への転換を推し進める動きにあたる。

もう一つには、主に依存症の方々が、体験や生きづらさを共有することを通じて、他者や社会への信頼感を取り戻していこうという「自助グループ」の取り組みがある。個別の背景にあるなんらかの理由から、信頼できず、誰にも依存することができないがゆえ、結果的に孤立した環境で薬物やアルコールなどに依存してしまうという。

この、「自立とはたくさんの依存先をもつこと」という熊谷先生の言葉を、私は仏教を語るうえでも、よく引用させていただいている。**周囲との間に安心して依存できる関係があって**

はじめて、存在は多様な関係性のうえに成り立つ。信頼感を持てず依存できないとき、人は次第に、応答する力を失っていく。それを、社会は責任（Response Ability＝応答する力、応答し得る可能性）がないと結論づける。そうして立ちはだかる壁の内側で、それでもなんとか存在を保とうと、人は、苦しみの伴う、不自然なまでの孤独へとはまりこんでいくのかもしれない。

依存が「唯一性」に陥れば、関係性に執着が生じて存在はいよいよ孤立する。その力学を利用したのがカルトであって、時には既往の関係性をも断ち切って相手を囲い込み、孤立させることで依存を促す。たくさんの依存先があればこそ、たとえ唯一性に偏りかけても「正気に戻る」道が残される。それぞれの依存先でつながる多様な仲間たちの存在も、正気を保つ助けとなるだろう。

同じ当事者として、生きていく

ここで鍵になるのが、私たちが抱く「仲間の感覚」、つまり人間社会において私たちが見出す「仲間性」だ。

私たちは何をもって「仲間である」とお互いを思えるのだろう。個性の発現によって周囲との間にズレが生じた時、そのズレが、仲間であることを阻むものとして立ち現れるのか。

それは、言語であることもあれば、国家、宗教、民族といったものから、社会的立場、組織内の役職、人が背負ったアイデンティティや役割の「違い」であることも多い。どこに焦点を当てるかで、それらの違い（ズレ）は、仲間のなかに包摂されていく。**違いを超えて、「私たちは同じ当事者」であるという意識を共有することを、徹頭徹尾孤独にある私たちは必要としている。**

当事者意識の共有によって、私たち「仲間」の範囲は変わる。あなたと私の関係性も変わるだろうし、社会と私の関係性も変わるだろう。問題だったズレや違いといった、時には障害ともなり得ることも、問題でなくなることもある。その時、必要以上の違いやズレの矯正や、正常値に揃えようという対処法による「治療」の概念も変わるだろう。一人ひとりの、そして、私たちの「回復」とは何か。**正しさや「〜すべき」といった社会の固定観念とも言えるような意識をほぐしていくことから、仲間の範囲は広がっていくのかもしれない。**

あらゆる分別を超えた無分別智にブッダはありながら、人間とは、線を引く。分別によって言語を操り思考する一方で、線の内に閉じ込められたり、線をめぐって争いを起こす。そうした**人間のどうしようもなさを、悲しみ慈しみながら、それでもなお、必ず仏になるよう願われ方向づけられているのが人間であり、そのことに思いを向けるのが〝悲願〟である**と、法然院の梶田真章住職は仰る。

分別の世界を、悲願をもって仲間と共に生きていく。そうした心持ちが、今、地球規模で必要とされているのではないか。**SDGsが唱える「誰一人取り残さない」とは、いったい誰の言葉だろう。**「私たちは地球に生きる仲間であって、私たちは、あらゆる仲間を取り残さない」と、理想に向かう意思表明でありながら、同時に、一人ひとりが、「どこまでも孤独な存在である私も、世界に取り残されてはいない」ということに気づいていくための、自らへの声がけでもあるだろう。私が縁を頂いた浄土真宗では、それを、阿弥陀様という無分別の世界からのコーリングとして「南無阿弥陀仏」と称えてきた。

孤独をつなぐ縁こそ、わからなくていい

私たちはいつしか、大人として、社会人として「自立すること」を求められる。危うい時ほど、頼ることは恥であるかのような意識に囚われがちだ。確かに人は独りであって、仏道を歩むにあたって自立的であることは望まれる。しかし、頼ることの是非を問う度に、存在とは本来、相互依存的であることに立ち戻り、自立の真意を問うて欲しいと思う。

端末を覗き込む時間が急激に増えた現代社会は、画面越しに広い世界とつながっているようでいて、「自分の目の届く範囲の世界」に囚われていくようでもある。しかし、じっと目を瞑り思考を休めると、「私」の「今」は目には見えないものを含めた広い世界へひらかれていて、すべては連続性のうえにあることに気づかされる。そうした**意識を呼び起こすような習慣**が、日常には溢れている。毎朝何かに手を合わせ、大切な存在に水を添えること、季節の花や足もとの芽吹きなど、日々の移り変わりに心を向けることもその一つだろう。

「これしかない」「ここしかない」とは、意識のうえでの孤立に過ぎず、どんなに独りでいようとも、生きるとは、頼り合う相互依存の関わりそのものだ。人は孤独な存在ゆえに「わかる」ことを求めがちだ。しかし、「わかる＝分かつ」であるように、我欲をもってわかろうとすれば、関係を分かつことになり、「わかったつもり」は尊重から遠ざかる。互いの「わからなさ」を尊び、そこにひらかれて育まれる縁こそ味わいたい。そうして開かれた連なりには、無数の選択肢から意図を超えて展開してゆく、思いがけない驚きとよろこびがある。

4 自然に還る

開発（かいほつ）

「誕生は喜びである。しかし制約である。（中略）互いが互いを否定する仕方で、その人なりの色合いを創り出してゆく」――哲学者であり教育人間学の学者でもある西平直（にしひらただし）先生は、こうした理解を前提に、次のように綴られている。

流れの中であたかも「運ばれる」ように体験される。意図的・作為的な行為ではない。漂流 Schweben するかのように、時間の中を運ばれて生きる。覚悟を決めて自らの意志で開始する在り方に対して、流れの中で運ばれる舞を舞うような在り方（動詞 Schweben は、「宙に浮かんでいる、宙ぶらりんである、フワフワ漂う、迷っている、未決定である、滑るように飛ぶ、ある状態にさらされている」）。

むろん正確には、この「運ばれるような在り方」は特殊な二重性において理解されるべきである。「決意しながら運ばれている存在であり、未来を企てながらすでに漂っている存在であり、言い換えれば、意識的にめざめながら運命に身をゆだねている存在」。単に「運ばれている」だけではない。「決意しながら漂っており、自ら企てながらしかし既に流れの中を滑るように進んでいる。」*

（*『誕生のインファンティア』（西平直著　みすず書房より）

私たちの存在も、流れの中にある。この身体さえ、決して固定した部分の集合ではなく、入れ替わりながら変化を続けている。瞬間の平衡状態が生み出されては消え、次なる瞬間へと手渡される流れそのものだ。

すべてをつなぐ日本人の自然観

意識的にせよ無意識にせよ、日本人は仏教思想の影響を強く受けている。日本人の自然観はその典型だ。古来、日本人は自然と調和して生きることを得意としてきた。日本の伝統となっている茶道や生け花にも、自然の存在を見ることができる。「Nature（ネイチャー）」は日本語では「自然」と訳される。日本が西洋文化に出会った後、その影響を受け、「自然」は「しぜん」と発音されるようになった。しかし、自然は古くは「じねん」と発音され、その意味は仏教思想に由来する「あるがまま」だった。

西洋文化での「Nature（ネイチャー）」という概念は、人間が創造主の代理人（メッセンジャー）としてヒエラルキーの頂点に立つという、人間中心の世界観を反映している。一方、「自然（じねん）」という概念は、アニミズムや自然を崇拝する日本文化のなかで育まれてきた。仏教や他の哲学が日本人に伝わった後、彼らは人間だけでなく、すべての衆生（しゅじょう）、さらには山や川、草木といったすべての存在に仏性（ぶっしょう）を見るまでになった。そのような自然観の影響は、日本の現代ポップカルチャーにも見られる。その結果、「自然」を「しぜん」と発音しても、そこには人間と対峙する厳しい自然ではなく、**人間を自然から排除しない日本的自然観**の面影が残っている。

すべての存在に仏性を見ようとする日本人の自然観は、すべての存在を関係性から捉える「縁起（えんぎ）」の世界観（Interbeing）につながっている。

縁が起こるところに現れるもの

では、その「縁起」とはどういうものだろうか。

結果には必ず原因がある。原因には、直接原因と間接原因の二種類があるという。まず、直接的な原因を考えてみよう。畑に種を蒔く。光と水と空気、適切な温度と養分によって植物は発芽し育つ。シンプルではあるけれど、同じ条件を与えても、成長する植物としない植物がある。必要条件が揃っていても、同じように成るとは限らない。違いの理由を正確に突き止めることは難しい。何かはわからなくても、自分の気づいていない間接的な原因があるはずだ。

私の持つごく限られた認識能力では、世の中の因果関係のごく限られた部分しか見えない。5%、3%、いや、1%にも満たないかもしれない。とにかく、直接原因として「わかる」範囲はとても限られている。世界の99%は「わかる」以外の間接的な原因に満ちている。1%の直接的な原因と99%の間接的な原因の結果として、私はたまたまここにいて、このように行動しているのだ。

「縁起」という概念の意味は、次のようなものになる。私は人と人の間に存在する関係的存在(interbening)であり、その関係性も常に変化し続けている。私の存在は基本的に相互依存的であり、独立して存在することはできない。日本語の「人間」に〝間〟という漢字が入っているのも、関係しているかもしれない。

自分の固有性や永続性を担保する不変の核などないのだと、仏教は教えている。自分は確固たる個として存在していると多くの人が認識しているが、それはエゴが作り出した幻想にすぎないと、仏教は喝破する。人間としての私は、友人や同僚、家族といった人々の間にしか存在しないのだ。人間としての私には、特定の人と一緒にいる時にだけ生まれる、特定の言葉・表情・行動がある。

大切な人が亡くなった時の気持ちを想像してみてほしい。大切な人を失ったとき、あなたが失うのはその人だけでなく、あなた自身の一部でもある。その人と一緒にいるときにだけ生まれる特定の言葉・表情・行動を失うのだ。つまり、自分自身の一部を失うということだ。このように、死について深く考えることは、「縁起」や相互依存の本質とは何かを知る絶好の機会を与えてくれる。

エゴには、自分と他者を隔てる機能がある。エゴのはたらきに十分な注意を払わないと、自分が独立して存在していると思い込んでしまう。しかし実際には、私は人と人の間に存在し、「縁起」的にダイナミックに刻々と変化している。一瞬一瞬、私は相互依存の自然のなかで生まれては死んで、を繰り返しているのだ。

開発に任せる力

仏教には「開発（かいほつ）」という言葉がある。現代社会で使われる開発とは、「経済開発」「都市開発」というように、未開の土地を切り拓き、人間が利用できるようにすることや、大規模インフラの建設を伴うプロジェクトを示す場合が多い。しかし、仏教で用いられてきた「開発」とは、これとはだいぶ意味が異なる。仏門に入る心が起こることを「発心（ほっしん）」と呼ぶ。人間が意図して手を入れてゆくというよりも、発端・発疹・発芽というように、そこに〝起こる〟ものがひらかれる様子を意味する。

仏教では何が開発されるかというと、語源に従えば「菩提心（ぼだいしん）」、つまり悟りを求め、仏になろうと願う心とされる。「起こさせよう」として生じるものは菩提心にならず、心は「起こってくる」もの、自ずと生じてくるもの。縁によって起こるものだ。

感謝や慈悲の心も同様だろう。それを**起こさせるために、常に意図する力を要するならば、壊れやすく、維持するのにもエネルギーがいるだろう。**無意識から生じる心であれば、気づけばそこに起きている。そうした縁こそ、しかるべきタイミングで自ずとつながり、縁の上を循環してゆく。

スティーブ・ジョブズの"connecting dots"という言葉を思い出す。

ジョブズは毎朝、鏡を見て自問していたそうだ。「今日が人生最後の日だとしたら、私は今日しようとしていることをしたいだろうか？」と。「縁起」のダイナミズムを思い出すことで、ジョブズはイノベーティブな創造をすることができたのだろう。

一人ひとりが、開発僧に

タイやミャンマーなど上座部（じょうざぶ）仏教の国々には「開発僧」と呼ばれる僧侶がいる。彼らは地方の農村に入っていって、農業指導など人々の生活基盤を整える開発（かいはつ）を行いながら、同時に仏法を説いて菩提心を開発（かいほつ）する。

現状に外側から手を加え、新たに構築したり構造改革をするのが、近代における「開発（かいはつ）」だとすれば、仏教でいう「開発（かいほつ）」は、自然のうちにそこに起こる展開と言えるだろう。そこでは、どのようにしたら「自ら育つ」状態が起こりやすくなるかにまなざしが向けられ、「**起こってくる**」**ものをいかにアシストするかが**「**育てる**」ということになる。**芽が出る条件を**

整えながら、見守り、芽吹きの時を待つ。

時に、テコ入れをするような抜本的な改造が必要な場合もあるだろう。しかしその土壌には、今、既に持ち合わせている資源や感性・能力が、共に開かれ、生かされる「かいほつ」が伴うことを忘れてはならない。「前進せよ」「成長せよ」というはたらきかけは、時に圧力となり、「成長したい」願いが「成長しなければ」という執着となれば、開かれるべき扉はなかなか開かないかもしれない。ウェルビーイングは、一人ひとりが人生を通して育み続けるものであり、何処かの誰かが用意できるものではない。**一人ひとりの日々が「かいほつ」の土壌にあってこそ、本質的なイノベーションは起こるだろう。**

「縁起」の概念を説明する比喩として、よく「海と波」が登場する。あなたが海の波ならば、特定の波には収まりようがない。誰もが、瞬間ごとにダイナミックに変化し続ける海そのものであることがわかるだろう。**海の広さに任せてみれば、世界が違って見えてくる。スティーブ・ジョブズが"connecting dots"と語ったように、思わぬ縁に、つながれてゆく**かもしれない。

SDGsは、2000年に採択されたMDGsの残された課題や教訓を引き継ぎ、新たに「誰一人取り残さない」という原則が採用された。それは、貧困層や障害者、ジェンダー等におけるマイノリティの存在が生きやすい社会へと課題解決をしてゆく決意である。しかし忘れてならないのは、近代社会の構造や、それをつくる論理や価値観に沿うことができず、苦悩を背追い込んだまま社会の一員としてシステムを形成している存在がどれだけあるかということである。環境保護を掲げる時、同時に、**私たち自らの肉体・生命としての自然、そして、内なる自然に目を向けたい**。制約のなか喜びを知り、決意しながら運ばれてゆく大海と、大海をみる空は、変わりゆくその様を表している。「誰一人取り残さない」ために私たちに問われているのは、日々、ここにある海や空を、じっくりとみることではないか。

5 変わり続けるウェルビーイング 安養（あんよう）

社会の隅々でSDGsが言及されるようになった。しかし実際に、これだけの指針と達成目標を読み込み、本質を理解し生かしていくのは容易ではない。ましてや、そのすべてを矛盾なく実現することは、現実的に難しいことは容易に想像がつく。

そうしたなか、「ウェルビーイング」の言葉も後を追うように広まった。SDGsが示す、世界が取り組むべき課題と目標を前にして、スピード感ある対応が求められるなかで、しあわせとはどういうことか、変化のなかにあってこそ、一人ひとりが立ち止まり、問い直しているのかもしれない。

成長と、幸福と

1972年、民間シンクタンクのローマクラブによる「成長の限界」が発表された。現状の成長を続けるならば、地球資源の有限性を鑑みて2020～2050年には、その限界により大きな転換点（tipping point）を迎えるだろうと、当時の科学者たちは予測した。

同じ年、ブータン王国の第4代ジグミ シンゲ ワンチュク国王は、「ブータンでは、国民総生産（GDP）よりも国民総幸福量（GNH：Gross National Happiness）を重要視する」と意思表明した。ブータン王国自ら「国民総幸福量」という指針をつくり、物質的豊かさの追求に偏ることなく、国民一人ひとりの精神的な豊かさを重視することを世界に向けて宣言したのだ。以来、ブータンはGNHという独自の指針のもとに、自国の風土に息づく社会と、そこに暮らす人々の生活向上を図ってきた。世界の動きとは一線を画しながら、自らの歩みを進め、伝統文化や国土の自然を尊ぶ国づくりが行われている。

２０１１年、国連総会は、経済指標である国民総生産（GDP）は「国民の幸福度を適切に反映していない」とする決議を採択し、翌年、ブータン王国の提唱により国連本部にて「幸福に関するハイレベル会合」が開催された。この場を契機に、毎年、世界１４０ヶ国以上を対象に人々のウェルビーイングを測定し、結果をまとめる「世界幸福度報告」が誕生する。こうした流れを受けて、２０１５年に国連サミットで採択されたSDGsの17のゴールの一つに、“Good health and well-being”（健康とウェルビーイング）が明記されるに至る。その後、政策立案や政策評価にウェルビーイングの指標を活用する国々も現れ、２０１９年には、ニュージーランドの国家予算に世界で初めて「幸福予算（Well-being Budget）」が組み込まれた。こうして、ウェルビーイングを重視する展開は世界各国に広がっている。

「成長の限界」が資源の限界を予測した時、ブータン王国は、経済的・物質的豊かさがもたらす幸福の限界を提示していた。循環経済（サーキュラーエコノミー）に始まり、持続可能な社会経済の仕組みを示す多様な概念が生まれたが、市場経済はいまだ成長を必要とする構造にある。世界は時代に応じたグローバルスタンダードを打ち立てながら、有限性のなかでいかに成長を続けるか、今も模索を続けている。**「成長の限界」が示した「大きな転換点（tipping point）」の時を迎えて、経済的・物質的豊かさがもたらす「幸福の限界」**もまた、私たちは体験している。

日本の心と身体でみる〝ウェルビーイング〟

「ウェルビーイング」（well-being）とは、一般的には、身体的・精神的・社会的に良好な状態にあることを意味する概念で、ウェルビーイングという言葉は、１９４８年に世界保健機関（WHO）憲章前文で「健康」の定義としてはじめて登場した。

“Health is a state of complete physical, mental and social well-being and not merely the absence of disease or infirmity."

「健康とは、病気ではないとか、弱っていないということではなく、肉体的にも、精神的にも、そして社会的にも、すべてが満たされた状態にあることをいいます。」

（世界保健機関憲章前文、日本WHO協会仮訳）

かつては「幸福」と訳されることもあったが、今では多くの場合、「ウェルビーイング」のまま使われるようになった。この言葉が意味する概念を、どのように私たちは受容できるのか。本来の意味合いを矮小化することなく、むしろさらなる豊かさを付加するくらいの気概で、いい日本語はないものか。異なる言語を用いてアプローチしてみることは、その意味を掘り起こして展げる作用もある。私なりに、身近な仏教の言葉にふさわしいものはないだろうかと探っていた。

これまで、一つピンと来たのが「安心（あんじん）」である。仏教の示す「あんじん」は、表面的な束の間の心の安らぎではなく、より深く持続して感じられる状態を表す。主体的な感覚が尊重され、特定の基準に基づくモノサシで測定し得るものではない点や、全方位的な幸せや満足を含み込むニュアンスは、ウェルビーイングに近い概念を表現しているかもしれない。しかし、「あんじん」は、病や貧困のただ中にあって、それを受け容れ、引き受けていく心のありようでもあり、ウェルビーイングが包含する身体的、社会的側面を思えば、訳語とするのには少々無理がありそうだ。

では、「養生（ようじょう）」という言葉はどうだろう。教育人間学、思想研究を専門とする西平直先生は、著書『養生の思想』で「養生は、一人ひとり異なる個性的な「健康の在り方」を、各自が発見してゆくことである。新しく発明するのではない。既に与えられている自分なりの「健康」を発見し維持してゆくことである」と養生をとても的確に説明されている。友人の医師、稲葉俊郎先生は、古今東西の医療から、自然や音楽、アート、伝統芸能など多分野から総合的に生命を捉える新たな医療を創造されているが、彼もまた、治療を目的にした医療に頼りきりになるのではなく、自らの健康を保つ「養生」の必要性を呼びかけるお一人だ。

「養生」は、健康を長い目で捉える時間軸と、環境との関わりによって捉える空間軸双方の広がりがしっくり来る。しかし、規則正しい生活を大切にする養生の考え方が、疾病予防、強壮、老化防止などの手段として医学に取り入れられている現状を思うと、身体的、社会的側面は捉えらていても、精神的側面を表すのには少し弱いように思える。

真ん中をゆく、安養へ向かう道

「安心」と「養生」、どちらも大切ゆえに、いずれかであっては帯に短し襷（たすき）に長し。それぞれの頭文字を合わせた「安養」はどうだろう。日常生活ではあまり見かけることがないが、「安養（あんよう、または、あんにょう）」は仏教では親しまれてきた言葉である。

安養寺というお寺も、浄土系のお寺にたくさんある。「安養」は「安養国」「安養浄土」などでもわかるように、極楽の別名であり、阿弥陀仏は安養仏とも言われる。そのため、「安養」は浄土真宗で日常的に読まれるお経「正信偈（しょうしんげ）」にも登場する。**「安養界」は、心が安らかとなり、身が養われる世界である。言ってみれば、ウェルビーイングが完全に実現された世界と言えるだろうか。**

しかし、私たちが生きる世界は、安養界そのものではない。諸行無常の世に、固定した「安養」な状態が何処かに存在するわけではない。そこに、一人ひとりが自ら歩む仏道、そして、仲間と共に歩む仏道がある。**中心はどこにでもある。周辺はどこにもない。自分が自分の真ん中を探り続けて生きることが、仏教の言う「中道（ちゅうどう）」である**と私は解釈している。

近代以降、人や物、自然界まで、世界を構成する存在について、私たちは無数の基準とカテゴリーをもって分類・測定・分析を重ねてきた。そうして分別することにより、ものごとを体系化し理解の範囲は広がった一方で、一人ひとりが歩むその真ん中を、見失ってきたかもしれない。分別による理解の先へとその限界を越えるには、中道こそますます重要となる。個と全体に通ずる真ん中から生まれるもの（＝クリエイティビティ）が、いよいよ必要とされている。

ウェルビーイングを自他に問うて生きる道は、経済格差や地域性にかかわらず、あらゆるカテゴライズの枠を超え、すべての私たちに共通する終わりなきテーマである。

安養への道に、終わりはない。

6

Leave no one behind ～誰一人取り残さない～

摂取不捨（せっしゅふしゃ）

1950年代、ダグ・ハマーショルド第2代国連事務総長が残した「国連は人を天国に誘うためではなく、人を地獄から救うために創設された」という言葉は、世界の幸せを望み、取り組む心構えの例として度々引用される。

SDGsの前身となる「ミレニアム開発目標（MDGs）」は、2000年に採択された。2015年、国連持続可能な開発サミットの成果文書として、いわゆる「2030アジェンダ」（正式名称「持続可能な開発のための2030アジェンダ」）が国連で採択され、17の目標とその具体的な数値目標や手段を示す169のターゲットが「持続可能な開発目標（SDGs）」として位置付けられた。

2015年版開発協力白書によれば、「2030アジェンダ」は、「2030年までに極度の貧困を撲滅することを含め、あらゆる場所のあらゆる形態の貧困に終止符を打つことを決意し、持続可能な開発を実現することを目指す野心的な国際目標」とされている。そこには、MDGsでは拾いきれなかった人々へのまなざしと行動が強調して盛り込まれ、新たに「誰一人取り残さない」という原則が採用された。

Leave no one behind

「Leave no one behind（誰一人取り残さない）」。この言葉を、どのように私たちは受けとめていけるだろう。**取り残される誰かとは、いったい誰なのか。**これまで世界は人々との対話を深めてきた。

「Leave no one behind」を考える時、仏道の起点となる「苦しみ」をベースに考えてみるのもよいかと思う。経済発展の具合や社会的マイノリティに当たるか否かにかかわらず、**この世に生きる誰もが体験し抱える「苦しみ」こそ取り残さない**ということにも、まなざしを向けてみる。ひきこもりの問題や鬱などの心の病、自死率等が、経済発展に比例して減少するわけではないことは、ご存知の通りだ。自分の内なる弱さやマイノリティは、私自身が自己の内につくり出す世界のなかで、蓋をされて取り残されてはいないだろうか。

貧困、自然環境、エネルギー、経済等、課題の解決は、常に私たちの「ウェルビーイング」への問いと共にある。何かの抑圧や不条理のうえに一つの問題が解決されても、一時的な対処はできても、その場凌ぎの気休めになりかねない。例えば、革新的な添加物の開発により、食品を長く保存できるようになった進歩は私たちの食を豊かにもしたが、閉ざされた環境での食を可能にし、時にアレルギー反応を引き起こす。新素材によって建物は頑丈になったが、空調設備の設置が欠かせなくなり、セキュリティは強化されたが、鍵やパスワードによる管理が欠かせなくなった。

更なる技術革新が加速するなか、私たちの文明の発展は、心身のウェルビーイングとどのように共存し得るのか。

不確実で未知なる自然や未来を前に、測定し、履歴を残し、過去の統計から未来を予測し対処する。そうして、「これで大丈夫」という安心がつくられてきた。同時に、「それがなければならない」恐れを抱えるようにもなった。気が付けば、生きることへの「なんとかなる」「どうにかできる」「どうあっても大丈夫」という自他への信頼感はずいぶん褪せてしまった。

「摂取不捨」

人生、色々。生まれる場所も育つ環境も、目指す姿も人それぞれだ。誰もが死に向かいながら、それぞれの一生を、それぞれの最善を尽くして生きている。

仏教が語る「生きる道」――仏教ではそれを仏道と呼び、「仏になる道」を表す――においても、色々な道がある。仏教はインドを発祥に世界を渡り、そのプロセスでこれまで各地にたくさんの祖師が生まれ、たくさんの宗派が生まれ、たくさんの思想や実践が育まれてきた。

仏道である限り、どの道を歩いてもいいだろう。自分には合わないなと感じたら、途中で道を変えることも自由だ。張り切って歩き始めた道も、しばらく歩いても変化を感じられずにいたり、行けども行けども先行きが見えずにいれば、どんな人でも不安になるだろう。それもまた修行の一環であると言えば、その通りだろう。しかし、不安なものは、やはり不安だ。はたして、本当にこの道で良いのだろうか。自分は間違った選択をしてしまってはいないかと。

仏縁を頂き、僧侶の道を歩む者にとって、その道をひたすらに邁進し続けることができればよいが、志あるがゆえ、道半ばで様々な不安や葛藤を覚えることもある。僧侶に限らず、人が生きるとは、道を歩むとはそういうことだろう。先行きが見えないことも、挫折をすることも、苦しみに疲弊することもある。

浄土系のお寺のご本尊・阿弥陀仏は、とりわけ仏教の「摂取不捨（せっしゅふしゃ）」を大切にする。摂取不捨とは浄土教のよりどころとなる「浄土三部経」の一つ『観無量寿経（かんむりょうじゅきょう）』のなかの言葉である。阿弥陀仏の光明（こうみょう）は万物を照らし、救いを必要とするものを皆救い、決して見捨てることはないという意味だ。成仏、つまり、仏になるという山頂を目指す登山で、たとえ遭難しても、力尽きて倒れても、あるいは道半ばであきらめて山を下ることになっても、最後の最後は必ず不思議と山頂に着く道が、どこまで追い込まれても必ず用意されている。**どれだけの**

挫折を経験しても、自らに失望しても、そして、どれだけの誤ちを犯してもなお、切り捨てられることはないということだ。

悪人をこそ

私という存在は、確固たる存在ではなく、縁によって何者にもなるし、関係性の中で顔を変え続ける存在である。親鸞は「凡夫（ぼんぷ）」「悪人（あくにん）」「愚者（ぐしゃ）」といった言葉で、「私という存在の当てにならなさ」を常に意識し続ける。それは言い換えると、私という存在を、縁によってどんなものにでもなり得る、どんなことでもし得る、どのようにも転び得る、そうした、コントロールの効かない存在として捉えることだ。

親鸞の「善人なほもて往生（おうじょう）をとぐ、いわんや悪人をや」とは、彼が生涯をかけて問い続けた、人の仏道とはいかなるものかを象徴的に表す言葉の一つである。この言葉がいわんとする、「善人でさえ往生できるのだから、悪人ならなおさら往生できる」とはどういうことだろう。悪人＝当てにならない私、だとすれば、悪人の自覚というのは、自分という存在の当てにならなさの自覚であり、自分のなかにある多様な私の存在と、その可能性への自覚である。「摂取不捨」の完全性は、証明できるものではない。念仏を称えたからといって、たちまち迷いが晴れたり、何が起こっても動揺しない泰然自若の境地に至るわけではない。人間である限り、相変わらず迷い続け、当てにならない私がある。それについて親鸞は、このように言う。「そのように、煩悩にまみれ、迷い続ける私だからこそ、ますます阿弥陀仏の摂取不捨が頼もしくなるのだ」と。悪人＝自分が当てにならないからこそ、そんな当てにならない自分を、**どんな局面においても「漏らさず救う」光明を知るということ。いかなる時も、道は閉ざされていない。**

多様な存在をあまねく包含する。それは、世界の多様な人々の存在であると同時に、一人ひとりのあらゆるプロセスと、多様な私をまるごと包含するということだ。SDGsが表明する「誰一人取り残さない」主体と対象は、他者のことでありながら、私自身のことであると、仏教は受けとめる。**世界のあらゆる存在と、内なるあらゆる私を取り残さない。この世のいかなる苦悩をも、打ち捨てることはない。**

7

自由になる

放下着（ほうげじゃく）

十年ぶりに、インドのハイデラバードを訪問した。ここは、世界でもトップクラスの成長率を誇る都市の一つで、インド社会の変容ぶりを見るには最も適した場所かもしれない。

十年前、道ゆく牛の姿も日常だった風景は一変し、街にはグローバル企業のオフィスビル群や大型ショッピングモールが立ち並び、渋滞する道路の上には高架メトロが通っていた。目に見える変貌のみならず、DXが社会インフラを網羅する様子にも驚かされる。路上のゴザの上で売買する青空マーケットさえ、支払いの多くは電子決済。オートリキシャも二輪バイクもアプリで呼べて、事前決済だから、お決まりの駆け引きによる交渉も必要ない。一般ドライバーが自家用車で運転を担う「ライドシェア」も普及していて、DX化に伴う変容ぶりは、日本よりもはるかに動きが速くて大きい。インド社会の便利さは、加速度的に向上していた。

生活しやすく、生きづらい社会

現地に長年暮らす日本人の友人に、暮らし向きを尋ねてみるとこんな話をしてくれた。「住み始めた頃は、予定通りに進まないことばかりでいつもイライラしていましたね。でも、気づいたんです。ここに暮らす周りのインドの人たちは、この状況で誰もイライラしていない、ということに」

私の経験の範囲で語れば、日本は世界の国々と比べて医療や福祉の制度が充実していて、公共サービスは手厚い。市民のマナーや治安も良く、街は清潔で整っており、価格の割に高品質な物やサービスにアクセスできる。世界の国々と比べても「安全で生活しやすい国」と言われる通り、「必要を満たし生命を維持する」ことを生活とするならば、場所によって程度の差こそあれ、全国にコンビニがあるこの国は、コンビニエントで生活しやすいに違いない。一方で、日本社会は「生きづらい」とも言われ、孤独・孤立が社会を覆い、じわじわと貧困が広がっている。差別や分断は、人の心や社会構造の深いところに根深くあって、問題は見えにくいところで起きている。若者を含め、自死を選択せざるを得ない人々は多く、メンタルの問題は終わりがないように思える。この「生活しやすくて、生きづらい国」は、一体どこから生まれているのだろうか。

当たり前を求め合う、「期待値の高さ」を見直してみたい。こうあってほしい、こうあるべきといった、対象に対して抱く期待の高さにおいて、例えば日本の消費者は世界一と言われる。ライドシェアをとってみても、移動手段がなく困っている人のニーズを思えば、選択肢が増えることは歓迎されてよさそうだが、日本では、運転技術や接客の質の低下を危ぶむ声が根強い。そうした声が上がる背景には、既存事業者による市場が奪われることへの恐れもあれば、理不尽な不正が蔓延ることを警戒する社会の不安もあるが、サービスの質や安全に徹底を求める意識も強い。

また、物の流通をみても、生産から販売に至るあらゆる場面において、商品ダメージを減らすため、そして衛生管理の観点からもパッケージに細心の注意が払われる。商品を傷つけないための包装と、見た目を良くするためのパッケージ、パッケージを傷つけないための更なる梱包。その手厚さは心くばりであると同時に、「商品である以上」という観念に近い心理を社会が共有していて、それに見合うものをお互いに求め合うような風潮がある。

社員のモチベーションを測る企業のエンゲージメント調査では、日本人は世界最低レベルと言われる。働く上での不満が生じる背景には、経営者も従業員も、組織や仕組み、そして自分と他者への期待値が高く、結果的に依存しやすいことがその一因にありそうだ。いずれにおいても、商品である以上、仕事である以上、社員である以上と、「○○である以上、ちゃんとしなくては」といった具合に、観念で自他を縛り合う様子が伺える。**たくさんの人たちが「ちゃんとする」ことで、世の中がよりなめらかになったかというと、実際にはそれで苦**

しんでいる人も多かったりする。

確かな当たり前をそれほどに求めるのは、現代の日本人は、それほどに生きることへの根源的な不安を抱えている、ということかもしれない。社会や他者のニーズや評価に「ちゃんと」応えなければ、自分の居場所を保てない——。そんな、存在を揺るがすような不安があったなら、ちゃんとしようとすればするほどに、苦しみは湧いてくる。

椅子取りゲームから降りる選択肢

幼稚園の頃、教室でよく、「椅子取りゲーム」をやっていた。ウロウロしているうちに自分の座る席がなくなってしまう、あの嫌な感覚が蘇る。クラスのみんなでやるレクリエーションに参加をしない選択肢はなく、痛みや悲しみを感じながらも、脱落しないように自分の席を必死に求めた。小学校に上がってからもゲームは続き、加えて、相手の脱落を目指してボールを当て合うドッジボールも加わった。身体を使ったスリリングな遊びとして広まっていたかもしれないが、自分にとっては、否応なく競争の中に放り込まれた体験でもあり、更には、渦巻く競争社会で生き残れるよう自分で必死にやっていくしかないのだと、身をもって知らされたようでもあった。もちろん、先生たちやゲーム自体にそのような意図はないのだろうけれど。

仏教の根本にある、執着から離れよという教えは、言い換えるなら「あらゆるゲームから降りる目線を持て」というメッセージでもある。ゲームに参加しながらも、それがゲームであって、夢中になっても、囚われない。没入しきらず、ゲーム全体を俯瞰するような視点を同時に持っているということだろう。**自分の意思でゲームから降りることもできると認識していること、その選択肢を持つこと**こそが、大切だ。参加したゲームが唯一の依存先になれば、そこでの生存方法を探し続けなければいけない。生き残るか脱落するか、いずれかを選ぶことを突きつけられる感覚があるとすれば、それは苦しい。何故なら、ゲームは大抵、不安と恐れを刺激して、それから免れクリアしようと必死になる私たちの生存本能に基づいて構成されているからだ。囚われて苦しみ続けるのは、生命の本望ではないだろう。

私たちはこうしたゲームのルールに沿って「ちゃんと」することを共有している。実際のところ、何が「ちゃんと」に当たるかは人それぞれでありながら、社会で生き残るための席を求めて一生懸命になっていることも多いだろう。

インドのように、言語や民族、宗教や倫理観も多様であってバラバラの前提のなか、あえて共通認識を確立しようとせずに「まぁ色々さ」と受けとめてきた社会では、そんな曖昧さが人々にとっての当たり前でもあっただろう。でこぼことしていたり、あちこちが抜けているのが当然ならば、都度、迷惑を掛け合いながらも助け合ってなんとかするのが当たり前。そんな感覚が、一人ひとりにある。インド人が日常的にあまり感謝や謝罪を表現しないのは、この世はそもそも、そういうものであるという認識を共有していることのあらわれだろうか。

これから向かう先は何処？

しかし、冒頭のハイデラバードの変化に見られるように、インド社会も変わりつつある。暮らしの隅々に導入される様々なアプリとインフラシステムが連動し、私たちの生活や関係性を網羅してゆく。運賃交渉の必要がなくなったのは、自分にとっては（おそらく多くの日本人にとっても）助かる反面、人間らしい（時に絶妙な）交流や、突然の変更に対する柔軟な対応など、曖昧で微細な変化が阻害されていくこともあるだろう。**わかりやすい「正解」にスマートに辿り着けることが、ストレスフリーとも限らない。**

社会課題に応えることで、結果的に人間らしさを失っていくのは、必ずしも望ましいことではないのではないか。自然をコントロールすることはできず、どんなに立派な堤防や壁を建ててもその限界を知るように、人の心や身体の状態、それをつくる関係性（縁）をコントロールすることには無理がある。**人間として生きるよろこびや、時に苦しみながらも成長のありがたさを体験する場は、私たちの日常から始まっている。**

一部の企業は、感謝を表明するほどポイントが貯まる「感謝アプリ」を導入し、エンゲージメントの向上につなげようという動きもある。日頃、無意識のうちに依存や期待をし合う関係性を意識化するのに役立ちそうだが、形だけの言葉が蔓延しても、新たな依存や期待が生まれるだろう。**必要以上の期待や依存が無くなれば、「当たり前」のありがたさに、自然と「ありがとう」と手を合わせるような気持ちがやってくる。**

この世は、諸行無常の一切皆苦。誰もが、多様な縁によって〝今ここ〟にいるのであれば、望む先へと、でき得る最善を尽くして縁のはたらきに委ねよう。自分にわかる正解など、小さな世界の答えに過ぎない。やってくる今を、共に迎えていけばいい。そこに安心を感じられる社会を創っていこうと、インドの変容ぶりを前に、日本と世界のこれからを思う。

8 世界がぜんたい幸福にならないうちは　菩薩(ぼさつ)

「世界がぜんたい幸福にならないうちは個人の幸福はあり得ない」

（宮沢賢治「農民芸術概論綱要」）

人間について、その最小単位に「個人」を捉え、個人が大小の集団をなして構成する総体を「世界」と捉えるならば、個人は、世界の部分に過ぎない。それに依れば、個人の幸福があって、その集積の果てに世界全体の幸福が訪れる。そう考える人もいれば、逆に、誰もが幸せにあれるユートピアの世界を創造してこそ、そこにある個人の幸福が訪れる、と考える人もいる。

いずれも、「個人」の概念のうえに成り立つが、「個人」を捉える存在論自体、近代に成立したばかりのとても歴史の浅い思想だ。宮沢賢治は、これらのどちらかのベクトルをもって、このことばを残しているのだろうか。世界がぜんたい幸福になったあかつきには、そこに個人の幸福はあることがうかがえる。しかし、「幸福にならないうちは～」と、そのプロセスはとても永いことを、自覚させられる言葉でもある。

個にあって、個をほどく

1800年代に活躍したイギリスの哲学者に、「最大多数の最大幸福」を説いたジェレミ・ベンサムと、快楽の質的違いを勘定に入れてベンサムの思想を発展させたジョン・スチュアート・ミルがいる。彼らの思想に基づいて、自由主義や社会民主主義、リバタリアニズムといった近代の人間観や世界観に連なる思想は展開されてきた。以来、「個人＝individual」という単語に、「in（否定形）＋dividual＝分割（divide）できないもの」と表現されているように、「個人」とは、それ以上分けることのできない最小単位として認識されている。

私自身、近代の人間観・世界観があまりにも強くインストールされてしまっているので、ぼんやりしているとあたかも当然のことのように「個人」と「世界」を分けて捉えてしまいがちだが、仏教は一貫して、そうではないと言い続けてきた。特に、大乗仏教の祖師たる龍樹（ナーガールジュナ）は、縁起／空の思想によって、分離のビジョンの誤りを徹底的に喝破した。般若心経において「無」や「不」といった否定語が重ね重ね繰り返されるのは、象徴的だ。

フランス革命以降、拡大の一途を辿ってきた「個人の人権」が、コロナ禍において問い直され、公の利益が個人のプライバシーより優先される社会の姿が現れた。ビッグデータによる、新たな管理社会も構築されつつある。ここであらためて、龍樹の大乗仏教的世界観で世界を捉えなおすことを提案したい。既存の世界観の代替案として仏教を「モノの見方」もしくは、哲学や思想の一つとして差し出すのではなく、この世を本質的に、明らかに、いたって自然に見る見方として、ありのまま提示したい。

幸福度や能力など、個人に紐付ける発想自体、もはや無理があったのかもしれない。大乗仏教が一貫して伝えてきたのは、世界のあり方は縁起／空であり、人間の存在は徹頭徹尾、孤独にありながら、interbeingであるということ。この瞬間（永遠の今）に立ち現れるinterbeingとして、私は初めて世界にある。「私のウェルビーイングから、私たちのウェルビーイングへ」というステートメントは間違ってはいないけれど、更にその本質を捉えるならば**「私」のウェルビーイングはそもそも存在せず、それは常に「私たち」のもとにのみ現れる**ということだろう。

宮沢賢治は、日蓮、法華経への深い信仰を持ち、大乗仏教を体現して生きた人でもある。「雨ニモマケズ」などは菩薩の行者（ぎょうじゃ）そのものだ。そこには「個人の総体としての全体」という発想自体がなかっただろう。「個人の幸福」の前に「世界がぜんたい幸福」が先立っているように聞こえるが、おそらく、その前後すらない彼の大乗的世界観が、私たちに個と世界との関係性を問う。情報が個人に紐付き、世界を席巻する時代に、これから人は、どう生きるのか。宮沢賢治の言葉は、「個人＝individual」に閉じ込められた世界を解くように、世界の幸せのありようを知らせている。声は、受けとめる世界があって初めて、放たれる。ウェルビーイングのありようは、それぞれの声が関係性のうえに放たれ混ざる、ポリフォニーに現れる。

いまあるものから一手を取って

2021年の秋、イギリスの文化思想家ローマン・クルツナリックの著書『グッド・アンセスター　わたしたちは「よき祖先」になれるか』(あすなろ書房)を翻訳出版のご縁をいただいて以来、多くの人と「私たちはいかにして〝よりよき祖先〟になれるか」という問いを投げかけ、様々な反応や回答に触れてきた。台湾のデジタル担当大臣オードリー・タン氏が示してくれた「**未来世代により多くの選択肢を残すこと**」という一つの答えは、多くの人の声を集約するようなものだった。「選択肢がある」ことは、試すことがゆるされていて、挑戦も失敗も、後悔もできるということだ。

とあるインタビューで、将棋の羽生善治棋士は「あなたにとって豊かな人生とは?」という問いに、「後悔の多い人生じゃないですかね」と答えたというエピソードを聞いた。たくさん失敗して、たくさん後悔することがあった方が、豊かな人生だということなのだろう。親鸞は、後悔について次の言葉を残している。

「**願わくは深く無常を念じて、いたずらに後悔を貽すことなかれ**」

これは、「後悔するな」ということではなさそうだ。「貽す」には「伝え送る」という意味合いもあり、「自らの後悔を、後世に先送りすることなく、今を生きよ」と読むこともできるだろうか。今生（こんじょう）を生きるにおいて、失敗や後悔があってもなお、「今、この時」に果たせる一手を連ねて歩もうじゃないかと、そんな風にも聴こえてくる。

自ら取った一手の中には、たくさんの失敗や後悔があろうとも、数ある選択肢の中から果たした一手は、その時の自分の最善であったと受け入れ、それでこそ我が人生と思えることは、どれだけ豊かなことだろう。

私に取り得る一手を取らずにいれば、「私」の選択肢が狭まっていくと同時に、「私たち」の行く道が狭まっていく。自らの後悔を貽せば、未来の可能性を閉ざすことにもなりかねない。そのような生き方こそ、親鸞聖人は戒められたのかもしれない。存在が、時空を超えた関係性の上にある以上、どんなに「私」のことであっても、「私の中」で完結することはほとんどない。

後悔を貽すことなく、独り、ここに連なる仏道を生きる。そして、どんなに人の意識を自在に操るテクノロジーが発展しても、未来に貽すべきものがある。それを見極める力を養うためにも、今あらためて、仏教の智慧（ちえ）に学びたい。

あとがき

京都に家族で暮らすようになって、はや10年が過ぎました。出身の北海道から学生時代に「内地」の東京へ出て、そのまま東京にある神谷町光明寺で僧侶として得度をいただいた私にとって、京都は本山である西本願寺のある町であり、他にもたくさんの伝統仏教宗派の本山や古刹・名刹が林立する仏教の都であり、また、浄土真宗本願寺派の僧侶として私が研鑽を積む修行の地でもありました。そうした縁の中で、それまでの人生の中でも京都にしばらく滞在する機会はありましたが、訪れるたびに感じていたのは「この町には、住んでみなければわからない何かがある」ということでした。

私は僧侶になってからしばらくして、インドへ留学する機会がありました。なぜインドかといえば、お釈迦さまが生まれて活動した土地であり、仏教を理解する上でも、その土地の水を飲んで空気を吸って、自分の身体の細胞がその土地の成分に入れ替わってみなければ、きっとわからないことがあると考えたからです。実際、インドに住んで暮らしてみると、旅行ではちょっとわからないようなその土地の人々の考え方や行動を、深く知ることができます。たとえば、「人は死んだら他の生き物に生まれ変わるのだ」という輪廻の考え方は、今でもヒンズー教を大事にするインドの人たちの心象に、深く根づいています。たとえば、お釈迦さまが仏教を説くにあたって、なぜ輪廻からの解脱を強調したのか、日本ではちょっと理解できないような文化背景が、その土地に行ってみてようやくわかったような気がしました。一年以上もインドに住んで、日々のカレーでつくられるようになった私の身体は細胞から腸内細菌まですっかりインド仕様になり、帰国する頃にはすっかり私の考え方や行動にも、だいぶインド人化していたように思います。

インドからの帰国後、縁あって、生活の拠点を京都に移してみれば、スーパーで普通に売られている豆腐の美味しいこと、四季の感じられる季節の行事が数えきれないほど町中に散りばめられていること、学生や研究者が多く学術や文化を扱う催しがたくさんあること、そうした日々の暮らしを京都の人たちがそれぞれの距離感で楽しんでいることを、知るようになりました。しばしば「京都の街はよそ者に冷たい」などの言説を耳にしますが、そうは言っても多くの人が行き交い文化を育んできた一千年の都ですから、案外、よそ者はよそ者なりに快く居られるスペースも開かれていると感じています。

SDGsなどの取り組みを通じて、「サステナビリティ」という言葉を聞く機会が増えました。日本語では「持続可能性」となり、いずれにしても、少々こなれません。地球や人類にとってとても大切な事柄であることは頭ではわかるのですが、政治的なメッセージや、科学的な理論づけから、その重要性を強調されればされるほど、どこか私自身の日常生活から遠く遊離したもののように感じてしまうこの事態を、どうにかできないものか。

やはりその手がかりは、私たち一人ひとりの日々の生活にあるはず。淡交社さんとの淡き交わりから生まれたアイデアが形になったこの本には、そこに登場する人たちの声を通じて、私たちの祖先が土地と共に連綿と受け継いできた智慧が散りばめられています。たとえ無自覚でも、「私」の意識を超えて広がる「私たち」の縁に、誰もが支えられているのです。

暮らしのなかで、いまここに無数の智慧があることに気がついていく。持続可能な開発のゴールは、いまここにある営みそのものです。あなたのサステナブルな暮らしのヒントに本書がなることを願っています。

２０２３年12月

松本 紹圭

松本紹圭

（まつもと しょうけい）


僧侶。

世界経済フォーラム（ダボス会議）Young Global Leaders。武蔵野大学客員教授。未来の住職塾代表。株式会社Interbeing代表取締役。東京大学哲学科卒、インド商科大学院（ISB）MBA。

著書『お坊さんが教えるこころが整う掃除の本』（ディスカヴァー・トゥエンティワン）は世界17ヶ国語以上で翻訳出版。翻訳書に『グッド・アンセスター わたしたちは「よき祖先」になれるか』（あすなろ書房）。noteマガジン「松本紹圭の方丈庵」発行。ポッドキャスト「Temple Morning Radio」は平日朝6時に配信中。

Forbes JAPAN(フォーブスジャパン) 2023年6月号で、「いま注目すべき『世界を救う希望』100人」に選出。

日常からはじまるサステナビリティ
日本の風土とSDGs

2024年2月20日　初版発行

著　者　松本紹圭

発行者　伊住公一朗

発行所　株式会社 淡交社

本社　〒603-8588 京都市北区堀川通鞍馬口上ル
営業　075-432-5156　　編集　075-432-5161
支社　〒162-0061 東京都新宿区市谷柳町 39-1
営業　03-5269-7941　　編集　03-5269-1691

www.tankosha.co.jp

装丁・組版　上野かおる

印刷・製本　図書印刷株式会社

ISBN978-4-473-04582-9